本土與世界 65

腳步

黃煌雄監委工作紀實1999～2005

遠流出版公司

本土與世界65

腳步——黃煌雄監委工作紀實1999～2005

著作授權——黃煌雄．台灣研究基金會
編輯小組——黃茗芬．廖茂發．莊智雅

發行人——王榮文
出版發行——遠流出版事業股份有限公司
台北市南昌路二段 81 號 6 樓
劃撥——0189456-1
電話——(02)23926899
傳眞——(02)23926658

香港發行——遠流（香港）出版公司
香港北角英皇道 310 號雲華大廈四樓 505 室
電話——(852) 25089048
傳眞——(852) 25033258
香港售價——港幣127元

著作權顧問——蕭雄淋律師
法律顧問——王秀哲律師．董安丹律師

排版印刷——鴻柏印刷事業股份有限公司

2005 年 10 月 16 日——初版一刷
行政院新聞局局版台業字第1295號
售價——**380**元
如有缺頁或破損，請寄回更換

ISBN 957-32-5660-6

YLib.com 遠流博識網
http://www.ylib.com
E-mail: ylib@ylib.com

腳步

黃煌雄監委工作紀實1999-2005

黃茗芬・廖茂發・莊智雅◎編

謹以本書紀念黃信介先生

■左為黃信介，右為黃煌雄。

〈推薦序〉

塑立了一個良好的典型

前行政院院長　唐飛

我在空軍服務的時候，認識了當時擔任立法委員的黃煌雄先生，他當時參加國防委員會，接觸之後發現他和別的委員，有顯然的不同：態度誠懇有如學者，不求刻意表現自己，提出的問題深入，也沒有刻意表現在野黨的意識型態。讓我感覺到值得進一步的和他討論，或加以說明他有興趣的問題。他是少數我所尊敬的立委之一。

二〇〇一年春天，我去哈佛大學甘迺迪政府學院時，他已經完成兩年的研究工作返回台灣，但有幸能在他返回波士頓主持一項研討會時重逢。發現他過去兩年研究工作，收穫豐盛。自此之後，我每半年回台探親，他常邀我交換對國防革新的看法。對他能容忍我的嘮叨不休，在此表示感謝。

在五權和三權分立出現不同立場和意見之時，常看到一些對監察權有負面的批評。監察權的付諸執行，在審計取消事前審查之後，不論出自監察委員的自動申請，抑或被指派擔任調查公職人員的失職或違法，都是在問題發生之後。如果調查失職或違法屬實，彈劾、糾正等，都已不能挽回已經發生的事實和後果。如果監察院能在事前掌握跡象，提出研判、分析和建議、改進，能防範於事前，不是最好的途徑嗎？

這幾年黃煌雄委員就默默的，針對軍事革新事務，諸如：從「中原專案」著手的國軍軍力整建方案，延宕多年的國防二法「立」和「修」之後，執行面的檢討，和建立三軍聯合作戰指揮機制的檢討等，已經使我內心敬佩不已。最近才發現，他擔任監察委員以後，對國防事務的用心，僅是他工作的一小部分。研討工作範圍之廣，讓我驚異，和更加佩服。也讓我對監察院的觀念有了些改變。如果他的研究報告，沒有被好好的運用，責任就不在他了。我認為他已經為監察委員塑立了一個良好的典型。我為有這樣一個朋友高興。

〈序〉

守護人權、鞏固民主

黃煌雄

自一九七八年開始參與立委選舉起，二十五年來，我一直以推動台灣民主化的工作者自期自勉；期間可約略分為兩階段：

第一是民主的建立：源於黨外時代的各種對民主的追求，包括解除戒嚴、開放黨禁報禁、爭取言論集會出版結社自由、釋放政治犯、解除黑名單、打破「二二八」禁忌、省市長民選、國會全面改選、以及總統直選等；隨著一九九六年首次舉行總統直接民選，意味已先後達成上述對民主政治的追求，台灣的民主於焉建立。

在這段歷史洪流中，和許多黨外朋友與民主工作者一樣，我們曾共同參與抗議行列及街頭吶喊；其中，基於歷史機緣，我曾在幾項重大議題上擔任主要推動者的角色。首先，總統直選制的推動是經由海內外各界不斷的呼籲與催生，才逐步形成氣候與共識，而在關鍵時刻的引導力量，便是民進黨所提出的「民主大憲章」，直接影響國是會議有關總統選制的最低底線；當年黃信介主席是「民主大憲章」研擬小組總召集人，我擔任「民主大憲章」實際負責研擬的召集人。其次，為了促進政黨政治的公平競爭，在解構黨產的議題上，擔任立委時的陳水扁和我，都曾在不同階段扮演重要推手；在國防事務上，我曾促使國防部長於一九八二年第一次在立法院公開宣稱：我國國防政策已由「創機反攻」的「攻勢」，調整為「戰略守勢」的「守勢」；此外，一九八七年，我曾強力推動改變中央政府預算分配結構，以連續六年、每年降三％的方式，將國防預算由四八％降到三〇％，所釋放出來的預算則轉用到社會福利、教育文化及環保等領域。

第二為民主的鞏固：自總統直選迄今，台灣的民主逐日由「建立」邁向「鞏固」之路；然八年來，由於戒嚴體制的後遺症，加上五十年來前所未有的政黨輪替，政黨競爭愈趨激烈與惡質，族群的陰影、文化認同、歷史記憶的拔河，及兩岸關係的嚴峻發展等因素，都使台灣的民主鞏固過程充滿波濤洶湧，其困難程度似乎不下於民主建立階段所遭遇的挑戰。

這八年當中，我以訪問學人的身分在哈佛大學研究了兩年，在異國風雪中提煉出對台灣的思考，要兼具「歷史觀」與「世界觀」；接下來六年，則以監察委員身分，在本分之內，盡一己之力，藉由持續不懈的「腳步」，緊密地貼近土地，深入基層，與人民互動，並傾聽民意、發掘問題，監督施政，檢討違失，以克盡守護人權、鞏固民主的扎根工作；這項「行腳」雖缺乏鎂光燈與掌聲，有時也要耐得住寂寞與孤獨，卻讓人有著紮實且自在的感覺。

相較於立法院，監察院顯得安靜無聲；根據憲法及增修條文的規定，立法院的職權幾乎是無限大，成為政治議題的主要發源地，而在推動過程上，又充滿動感和聲光。監察院則不然，其職權是有限與被動，在工作過程上須依法守分，不得渲染或外洩；但監察院最大的特色，便是藉由行使調查權，針對自動申請或院裡輪派的調查案件，進行持續、深入且全力以赴的調查；此外，監察委員並不需要社交活動與選民服務，可靈活管理與集中使用時間；因此，凡持有足夠的動力與熱情，對台灣懷有疼惜之心與責任感，又能秉持大公無私的精神，且具有無畏的風骨者，便能透過職權的行使，樹立監察委員的形象與公信力，亦即不論小案或大案、個案或通案、單純或複雜的案件，凡涉及人民的委屈或權益、及公務人員的違法或失職，在現行條件下，以個人近六年的體驗，監察權不但享有相當程度的揮灑空間；而像我在監察院所開創的系列總體檢案，在防止公務人員違法失職情事發生或惡化，以及在改進並提升公共行政的品質，以確保人民的基本權利，監察權也著實發揮了積極的引導作用。

這本書特別要懷念黃信介先生。六年前他推薦我擔任監察委員時，我們當中幾乎有三年未曾見面（其中兩年我在哈佛研究），過程未曾打電話給他，推薦書是由好朋友代送；而基於民主奮鬥過程上的相知相惜，及「信介仙」的胸襟與獨特領導風格，使我與監察委員結緣。六年了，懷著恭敬的心情，謹以《腳步》一書表達對「老主席」深深的追念，我想，這應該也是追念黃信介先生最有意義的方式。

最後，對唐院長的鼓勵深致謝忱，並感謝本書所有附錄文章的作者，他們多曾以諮詢顧問的身分參與相關案件的調查；此外，一併向在監察院服務、直接或間接協助調查案件順利完成的同仁致謝，特別是調查處的協查秘書們，在此，要特別向你們說，「辛苦各位，謝謝你（妳）們！」

出版前夕，謹向三位編者——黃茗芬、廖茂發、莊智雅的辛勞表示謝忱。

〈編者的話〉
關懷台灣的實踐腳步

我看到的黃委員眞正是一位具有獻身精神的人，他念茲在茲的做著他的工作，當你有機會經過監察院的時候，如果你在深夜、週末、假日、雨天及颱風天仍然看到監察院後棟有一個依然燈光通明的研究室時，你不必去詢問那是誰的研究室，自然即可確定那是黃煌雄委員的辦公室。

——錢復　監察院院長

對凡進出座落於監察院五樓五一一室——黃煌雄委員辦公室的賓客、各部會洽公人員、或監察院調查處工作同仁來說，印象最深刻的，應是黃委員履行監察委員的工作腳步與態度，也是這樣的工作實踐與過程中的嚴謹態度，孕育了《腳步》這本書的誕生。

事實上，在貫穿黃委員對台灣社會一貫關懷與理念的大前提下，轉化其監察委員任內六年的工作足跡與態度為文字上的《腳步》，是一項有挑戰性的集體創作！雖然黃委員辦公室提供了內容豐富、難以數算總字數的資料與調查報告相助，初步的概略性閱讀，使我們宛如陷入資訊的迷宮中，失去視野的制高點，無法一覽《腳步》的全貌、捕捉其意義與影響。

於是，我們改變策略，抓住每次與黃委員互動的機會，以各種角度的問題持續撞擊其思緒，直到能掌握黃委員對「擔任監察委員」深層思考的精髓；我們深信，六年的腳步必出於此思維精髓的驅動。

腦力激盪的話題從「立法委員到監察委員的人生轉折」、「擔任監察委員的偶然心情」漫談起，逐漸聚焦到「監察委員任內感覺最有意義與踏實的調查案？」、「當台灣政治步入民主鞏固階段，現代監察委員與其他不同歷史階段的監察委員之間，差異為何？功能為何？」、「如何在監察委員職務上實踐其對台灣社會的一貫關懷與理念？」等環環相扣的問題上，透過這些問題慢慢幫助我們走進黃委員的思維中，也使黃委員腦中浮出一張容納六年工作腳步的地圖，具體化後成為這本書的基本架構。

當中，最關鍵的思考與實踐便是「現代監察委員的角色」，即落實為調查期間為時一年到一年半的「總體檢系列調查案」，並成為黃委員六年任內付出最大心力、對台灣的探索與耕耘，進而在新時代中書寫了監察權的積極性意涵；所以這個主軸貫穿了本書所有重要的調查案件，經由田野調查，每個調查案成為站在第一線的見證者，以貼近土地、聆聽民意、融合了在地與中央觀點，記錄著當代台灣政治、經濟、國防、社會、文化、教育、社會福利、原住民等層面上的重要問題，足以成為認識台灣當代重要問題的「白皮書」。

本書架構以黃委員擔任主查的調查案為基礎，區分為五大類目，進而形塑本書的五大篇名：第一篇為「監察院的組成與職權」；第二篇為「監察權的積極腳步——總體檢案」，摘錄黃委員創新的十六件系列總體檢調查案中的六件，分別是對社區總體營造、國土保全、社會福利制度、產業政策與永續發展、金融國際競爭力、及海洋與台灣相關課題，充分表現黃委員對台灣社會廣泛且深入的關懷；第三篇為「一路走來：從立法院到監察院」，黃委員從擔任立法委員階段，便聚焦於國防與黨產兩議題，而國防案與黨產案則立基於其在立法院所累積的能量與關懷，而延續出來的調查案；第四篇為「文化、人權與教育」，涵蓋古蹟維護、人權保障與教育資源等三類共八個重要案件，當中奠定黃委員深受地方文史工作者的信賴，得到學者專家的一致推崇，而博得「文化監委」的美譽，這也是黃委員認為在擔任監察委員階段，除了系列總體檢調查案外，得以積極拓展的新領域；第五篇為「財經與移民」，基於關懷全球化與知識經濟對台灣財經環境與人口流動所帶來的巨大衝擊，而展開的調查案件，更包含對台灣近十年來層出不窮的金融弊案，背後所暴露諸問題所進行的全面且深入瞭解。

此外，黃委員特別強調「總體檢系列調查案」，是由涵蓋地方與中央、及跨部會的工作團隊的共同努力成果，其中，每位與案的監察院調查處協查秘書需付出極大的心力；事實上，監察院調查處所有與黃委員共事的協查秘書之共同體驗，應是在黃委員全心投入調查案的工作態度、與嚴謹的流程要求下，使得與黃委員的共事經驗，成為其公務生涯中「最痛苦」與「最艱辛」的經驗之一；為此，黃委員辦公室的秘書常成為「心情回收筒」與「匿名留言站」，希望傳達給黃委員的訊息，多為「請黃委員投入工作之餘，要珍重身體……」的關懷之語。

黃委員心理上明白與自己共事的協查秘書，過程中須付出比其他調查案多上幾倍的辛勞來完成工作，卻不因此放鬆要求，反以「追求對台灣社會有意義與價值的工作目標」、「一同在公務員任內，打那美好的仗」為之打氣，並以更為嚴謹的態度持續自我要求；如同「流淚撒種的，必要歡呼收割」，當協查秘書們完成調查報告、與不斷看見系列總體檢調查案對台灣社會各層面造成拋磚引玉的影響力時，能夠參與系列總體檢調查案的調查工作，反倒躍升為其公務生涯中最璀璨的演出，而過程中如「魔鬼戰鬥營」的工作付出，也成為生命中最紮實的旅程。

在黃委員所創辦的台灣研究基金會十五週年慶茶會（二〇〇三．三．十五）時，監察院錢復院長的致詞中曾這樣描述，「我和黃委員共事四年多的時間當中，我看到的黃委員真正是一位具有獻身精神的人，他念茲在茲的做著他的工作，當你有機會經過監察院的時候，如果你在深夜、週末、假日、雨天及颱風天仍然看到監察院後棟有一個依然燈光通明的研究室時，你不必去詢問那是誰的研究室，自然即可確定那是黃煌雄委員的辦公室。」這正是對黃委員六年監察委員公務生涯，最樸實且貼切的說明。

茂發、智雅與我都於黃委員擔任監察委員職務期間，先後在其身旁工作一段時日，得以近距離見證這六年歲月的點滴與細微處；我們共同難以忘懷的，是黃委員在我們工作犯錯時，給予的寬容，及面臨工作遇到瓶頸與挑戰處時，所展現的信心且堅定的引導與支持。

末，謹向黃委員讓我們有機會參與這本書的編輯、與過程中一切的指正致謝，其中，每一篇調查案的改寫與每一個附表的製作，都在黃委員嚴格監督下過關（有的甚至是第七次改寫）；並向楊秀儀教授於整合階段提供的寶貴意見致謝。

目錄

第一篇

監察權的組成與職權

監察院組織系統圖

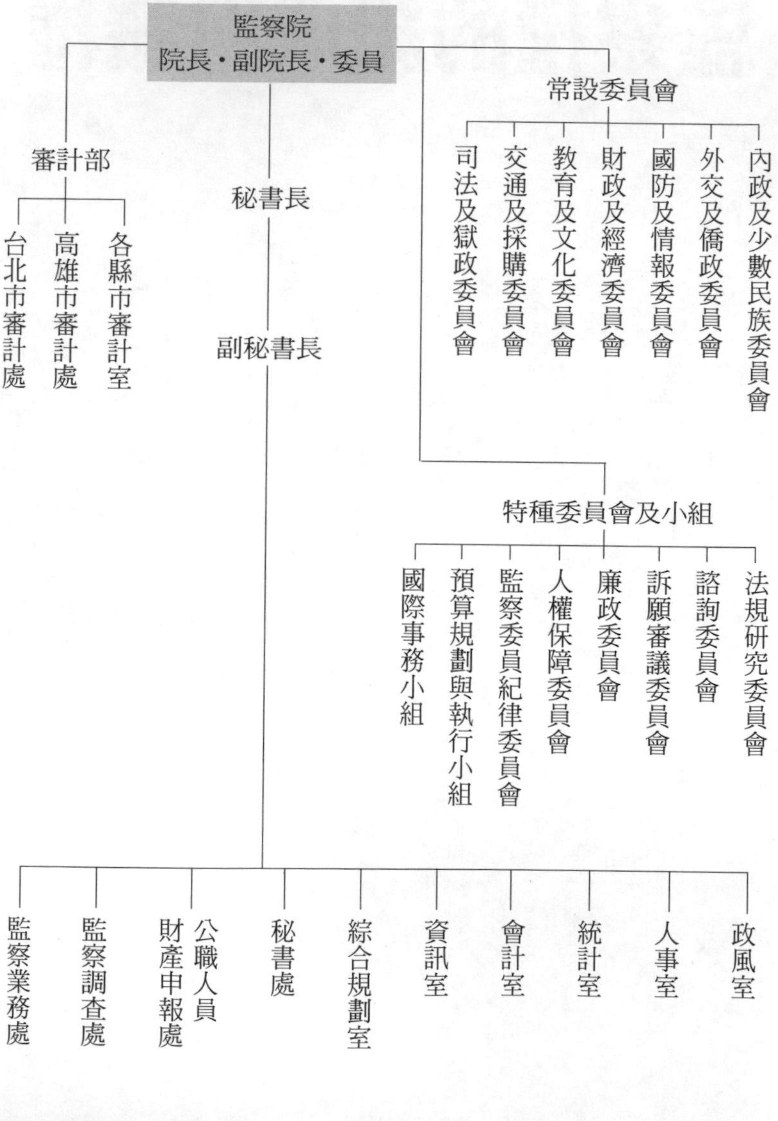
監察院
院長・副院長・委員
審計部
台北市審計處
高雄市審計處
各縣市審計室
秘書長
副秘書長
常設委員會
司法及獄政委員會
交通及採購委員會
教育及文化委員會
財政及經濟委員會
國防及情報委員會
外交及僑政委員會
內政及少數民族委員會
特種委員會及小組
國際事務小組
預算規劃與執行小組
監察委員紀律委員會
人權保障委員會
廉政委員會
訴願審議委員會
諮詢委員會
法規研究委員會
監察業務處
監察調查處
公職人員財產申報處
秘書處
綜合規劃室
資訊室
會計室
統計室
人事室
政風室

組成

依據憲法規定，監察院為國家最高監察機關，行使調查、彈劾、糾舉、糾正及審計等權。監察院之組成，係以監察委員為核心，置監察委員二十九人，其中一人為院長、一人為副院長，任期六年，由總統提名，經立法院同意任命之。

另依憲法及監察院組織法規定，監察院設四處、六室、七個常設委員會與八個特種委員會（如前頁圖），這些均為幕僚單位，旨在輔佐、襄助監察委員行使職權。

又依據監察院組織法規定：「監察院設審計部。」審計部及各審計處室等機關依「審計部組織法」及「審計處室組織通則」規定之。

職權

依據憲法、憲法增修條文、監察法、監試法、公職人員財產申報法、審計法等相關法令，監察院之職權簡述如下：

一、受理人民書狀：人民得依法逕向監察院或監察委員陳情或檢舉公務人員或行政機關之違法失職情事。

二、調查：依據憲法第九十五條、第九十六條及其增修條文第七條之規定，監察院有調查權。

三、彈劾：憲法第九十七條第二項規定，監察院對於中央及地方公務人員，認為有失職或違法情事，得提出彈劾案，如涉及刑事，應移送法院辦理。另憲法增修條文第七條規定，監察院對於中央、地方公務人員及司法院、考試院人員之彈劾案，須經監察委員二人以上之提議，九人以上之審查及決定，始得提出。

四、糾舉：監察法第十九條規定，監察委員對於公務人員認為有違法或失職之行為，應先予停職或其他急速處分時，得以書面糾舉，經其他監察委員三人以上之審查及決定，由監察院送交被糾舉人員之主管長官或其上級長官，其違法行為涉及刑事或軍法者，應逕送各該管司法或軍法機關依法辦理。

五、糾正：憲法第九十六條及九十七條第一項規定，監察院得按行政院及其各部會之工作，分設若干委員會，調查一切設施，注意其是否違法或失職。監察院經各該委員會之審查及決議，得提出糾正案，移送行政院及其有關部會，促其注意改善。

六、巡迴監察：監察法第三條規定：「監察委員得分區巡迴監察。」巡迴監察分為中央機關巡察與地方機關巡察。前者由各委員會辦理，後者按省（市）、縣（市）行政區劃分巡察責任區，分區辦理。

七、監試：監試法第一條規定，舉行考試時，除檢覈外，依本法之規定，由考試院或考選機關分請監察院或監察委員行署派員監試。

八、公職人員財產申報：監察院設公職人員財產申報處辦理公職人員財產申報、審核、查詢、處罰鍰及異動聯繫事項。

九、審計：依據憲法第一百零四條、增修條文第七條、監察院組織法第四條及審計法規定，監察院設審計部，對於政府及其所屬機關之財務，行使審計權，監督全國各機關預算之執行等事宜。

十、國際事務工作：監察院為加強與世界各國監察機構及國際監察組織交流合作，增進監察功能，設置國際事務小組辦理國際事務工作。

前述職權之中，調查權可說是監察委員行使監察權之基礎。因為藉由調查權之行使，可以發掘公務人員或行政機關違法失職之事證，進一步提出彈劾、糾舉或糾正。如果缺少了調查權，就如同魚缺少了水一樣，監察權自不易行使。所以，如果說監察委員是監察院組成的核心，調查權便是監察委員行使監察權的核心。

調查案

監察院調查案件除依監察法及其施行細則規定外，依監察院辦理調查案件注意事項辦理之。成立調查案之方式大致可分為：依委員籤定席次輪派委員調查、院會或各委員會推派、及委員自動調查等三大類。

輪派或推派調查案件，如有委員二人以上者，以排序在前者為主查委員；委員自動調查案件應以書面敘明具體調查要項向監察業務處登記，並以收件時間在前者為調查委員。為落實委員自動調查案件之周延及效能，委員申請自動調查時，應先主動商請其他委員會同調查，或依輪序加派一委員會同調查，並以在前申請自動調查者為主查委員。

主查委員於收受派查函件時，視案件內容、範圍及繁簡程度，決定案件性質，依限提出調查報告（一般案件三個月內，重大案件六個月內，特殊重大案件一年內）。憲法增修條文第七條第五項規定：「監察委員須超出黨派以外，依據法律獨立行使職權。」另依據監察院調查案件運作之傳統，主查委員負起調查案件之主要責任。

案件經調查後之處理方式：對人得提出彈劾或糾舉、對機關得提出糾正或小糾正。亦即對於有違法或失職行為之公務人員得提出彈劾案；其中有先行停職或有其他急速處分之必要時得提出糾舉案；對於行政院及其所屬各機關之工作設施有違失或失職情事者得提出糾正案；對於機關違失情節輕微者，得經相關委員會會議決議，函請機關自行議處、改善見復者，即俗稱之小糾正。

民國八十八年二月一日第三屆監察委員就職行使職權，迄九十四年一月底止，總計調查案件數有三五三四件，糾正案共一〇一八件，彈劾案共一一八件，糾舉案共十件，獲提起非常上訴案件六十四件，其中八件改判無罪。經查黃煌雄委員調查案件數總計為二七三件，自動調查者有一五四件，輪派及推派調查者有一一九件，調查後提出彈劾者有四件，提出糾正者有六十八件，提出小糾正者有二〇四件，獲提起非常上訴案件二件，其中一件改判無罪，另一件獲提起非常上訴二次。

值得一提的是，黃委員調查案件中，擔任主查者共有二一一件，逾總調查案件七七%。這二一一件主查案件之中，調查期間長達一年以上者有十七件，其中一年半以上者有八件；而所提出的調查報告超過十萬字以上有九件，其中超過二十萬字以上有四件。

茲將黃煌雄委員調查案件依不同性質，區分為以下各類說明：

一、總體檢案。
二、國防案。
三、黨產案。
四、文化案。
五、人權案。
六、教育案。
七、財經案。
八、移民案。

第二篇

監察權的積極腳步
——總體檢案

監察權的新涵義

追論監察權在歷史中如何演進變化，基本而言，監察權內容歸納為兩大類：

一、整飭官箴，糾彈違失。

二、保障人權，疏解民怨。

一般民眾最常以「青天大人」、「御史大人」、或「欽差大人」等比喻來形容監察委員，這類的比喻主要受中國古代歷史的影響，及對前述監察委員第一類職權的期待。

監察委員的第二大類職權有消極與積極兩層涵義，保障人權的消極的意涵，意指行政權對人民的基本權利已造成不可挽回的損害，只能對行政權的發動機關及其行政人員給予處罰，以疏解民怨；而保障人權的積極的意涵，則是當行政權正要損害人民的基本權利時，由於監察權的行使，得防止損害不至發生，或損害不至擴大。

黃煌雄先生初擔任監察委員（簡稱黃委員），所行使的多為第一大類「整飭官箴，糾彈違失」的職權，和第二大類「保障人權的消極意涵」的職權；半年後，基於對監察權的體驗與思考，與來自基層、「吾少也賤」的個人背景，以及長期對改革台灣社會的熱誠，黃委員踏出扣緊保障人權的積極意涵與監察權的具體實踐腳步，逐步地發展出代表著監察院先例的總體檢案。

總體檢案可概分為實地考察與不必實地考察兩大類，黃委員所主查最具特色的，應為實地考察的總體檢案。這類總體檢案是從國土保全總體檢案（以下簡稱「國土」案）開始，社區總體營造總體檢案（以下簡稱「社營」案）也幾乎在差不多相同的時間啟動，經過一段時間探索後，逐漸形成「工作團隊」的模式來進行總體檢系列調查案；接下來，具代表性和系列意義的總體檢案，包括我國社會福利制度總體檢案（以下簡稱「社福」案）、產業政策與永續發展總體檢案（以下簡稱「永續」案）、我國金融國際競爭力總體檢案（以下簡稱「金融」案）、海洋與台灣相關課題總體檢案（以下簡稱「海洋」案）、社區大學總體檢案（以下簡稱「社大」案）、原住民地方文化產業總體檢案（以下簡稱「原民」案）。國防案則因涉及機密的關係，另篇處理。

這類系列總體檢案調查工作的最大特色，便是採用田野調查的方式，將中央政府有關部會和地方政府有關單位組成一個工作團隊，直接到調查案所關切的地點實地履勘，並與調查案所關切的主體進行互動，不分晝夜、不論寒暑，山海也沒能阻擋黃委員與不同工作團隊的足跡；因此，系列總體檢案發展出關懷台灣的多元的路線，從阿里山到富貴角，從金門、馬祖、澎湖到蘭嶼、綠島，從斷層帶到地層下陷區，從土石流區到洪氾區，從窮鄉僻壤的社區營造點到受人冷落的原住民工藝坊，從日趨沒落的漁村到已呈荒蕪的漁港，從夕陽無限好的工業區到日正當中的科學園區。深層來說，黃委員本著從政多年一以貫之的樸實與關懷，一步一腳印走遍台灣與體檢台灣；過程中，黃委員與不同的工作團隊成員（中央或地方官員），或在嚴肅氣氛下，或在砲聲隆隆中，或在殷殷期待下，共同發現真實的問題、看見與聽到施政缺失及有待改進事項。

精確來說，「貼近土地、深入基層、傾聽民意、發掘問題、檢討施政、糾彈違失」的工作過程，已成為這類系列總體檢案的共同工作模式；此外，系列總體檢案的共同特色尚包括：涵蓋面廣、費時甚久、用力甚深、內容豐富，主題及意境上可互相輝映；例如「社營」案與「社大」案代表「民主鞏固」，「國土」案代表「大地之愛」，「社福」案代表「社會關懷」，「永續」案與「金融」案代表「永續發展」，「海洋」案則代表我國如要「永續發展」，須成為名副其實的「海洋國家」。

近六年的勤奮工作，包括兩大類的系列總體檢案，使黃委員深度走遍台灣五次，總工作時數將近五千小時，調查報告總字數逾一百五十萬字，系列總體檢案對黃委員的意義不再是一項「工作」，而是其生命的一部分與關懷台灣理念的另一次美好出擊。在監察院的調查案件紀錄史上，像總體檢案這樣費時那麼久、涵蓋面那麼廣、報告文字那麼長、跨部會或跨中央與地方的單位那麼多，幾乎是前所未有的。因此，黃委員在工作過程上，一方面固然是態度積極、認真而負責，同時也是謹慎、謙虛而嚴守分寸。這是黃委員對監察權新涵義的具體實踐所賦予的註解與見證。

論到現代監察委員的角色，要特別提及西方最早設置國會監察使的瑞典，其首席監察使Claes Eklundh於二〇〇一年一月九日在監察院院會發表演講的一段話，他對「監察使（Ombudsmen）的工作」論述如下：

「監察使最重要的工具，是對各機關與公務員行為做出重大的裁決權……因此，監察使工作的主要目的，並不是在懲

表一 黃煌雄委員主查總體檢案附表

項次	派查案由	派查日期	審議日期	備註
1	國土保全總體檢案	88／06／21	90／01／15	共費時19月
2	社區總體營造總體檢案	88／09／17	89／11／16	共費時14月
3	國防政策總體檢案	89／06／09	90／07／19	共費時13月
4	產業政策與永續發展總體檢案	89／07／11	91／01／02	共費時18月
5	我國社會福利制度總體檢案	89／08／10	90／11／06	共費時15月
6	金門「閩南文化與戰地文化」維護總體檢案	89／12／02	90／06／14	共費時6月
7	社區大學總體檢案	90／06／05	91／04／11	共費時10月
8	我國金融國際競爭力總體檢案	91／03／08	92／06／17	共費時15月
9	中央政府所屬非營業循環基金總體檢案	91／04／19	92／07／02	共費時15月
10	國營事業土地及建物之管理與運用總體檢案	91／04／19	92／11／05	共費時19月
11	海洋與台灣相關課題總體檢案	91／09／16	93／04／07	共費時19月
12	國防二法執行績效總體檢案	92／02／11	93／04／22	共費時14月
13	我國移民政策及其執行績效總體檢案	92／06／06	93／07／07	共費時13月
14	原住民地方文化產業總體檢案	92／10／09	93／05／05	共費時7月
15	政府影音媒體政策及其執行績效總體檢案	93／03／29	94／01／13	共費時9月
16	國軍聯合作戰指揮機制執行績效總體檢案	93／06／10	93／11／18	共費時5月

表二　黃煌雄委員主查總體檢案工作時程表

項次	案由＼年度	88	89	90	91	92	93	94
1	國土保全總體檢案							
2	社區總體營造總體檢案							
3	國防政策總體檢案							
4	產業政策與永續發展總體檢案							
5	我國社會福利制度總體檢案							
6	金門「閩南文化與戰地文化」維護總體檢案							
7	社區大學總體檢案							
8	我國金融國際競爭力總體檢案							
9	中央政府所屬非營業循環基金總體檢案							
10	國營事業土地及建物之管理與運用總體檢案							
11	海洋與台灣相關課題總體檢案							
12	國防二法執行績效總體檢案							
13	我國移民政策及其執行績效總體檢案							
14	原住民地方文化產業總體檢案							
15	政府影音媒體政策及其執行績效總體檢案							
16	國軍聯合作戰指揮機制執行績效總體檢案							

處失職的公務員，而是改進公共行政與司法行政的品質。這一教誨性的角色其實比強制性的角色更為重要，其觀念在於監察使應防止違法失職的情事發生。」

這樣的說法與黃委員所發展出來的系列總體檢案，的確有精神上的契合，意即總體檢案所呈現監察權的主要精神，並不僅僅在於「防止違法失職的情事發生」，更重要的是「改進公共行政的品質」，因為惟有提升「公共行政的品質」，才能達成積極保障人權（保障人民的基本權利）的目標，也驅使黃委員在近兩千個日子中，永不疲倦、全力以赴！

國土保全總體檢案

（國土保全總體檢案調查報告）提出至今已歷四年，其影響仍在各部會持續發酵中，許多議題甚且成為各部會之政策。本案對推動台灣防救災工作是一大助力，足以在台灣防救災史上記上一筆。

──謝正倫　國立成功大學防災研究中心主任

調查案由

隨著經濟發展及人口成長，土地利用趨向高度密集，然而由於欠缺整體規劃與管制，國土資源急遽消耗，重大災情層出不窮，基於國土保全乃大地之愛的情懷，乃分就崩塌及土石流區、洪氾溢淹區、地盤沉陷區、海岸侵蝕區及地震斷層區等國土利用情形進行調查。

調查期間

本案係黃煌雄委員自動調查的案件，調查委員尚包括陳進利、黃勤鎮及林鉅鋃三位委員，於八十八年六月二十一日成案，九十年一月十五日總案及五個分案的調查報告提請本院財政及經濟與內政及少數民族委員會會議審議通過在案，前後歷時一年七個月。

■國土保全現場履勘。

■國土保全現場履勘。

調查對象

本案的調查對象機關包括經濟部、內政部、農業委員會、公共工程委員會及研究發展考核委員會等。

調查方式

本案的工作方式，以現場履勘並舉辦座談為主，從八十八年九月十五日起，至八十九年七月十四日止，以九梯次到全國崩塌及土石流區、洪氾溢淹區、地盤沉陷區、海岸侵蝕區及地震斷層區現場實地履勘並舉行座談會，藉以瞭解各地國土利用的情形。

調查過程

在十個月的履勘過程上，黃委員等一行的工作團隊，踏遍全台各地，上山下海，親臨現場履勘，隨後並舉行座談，參加座談的，

■國土保全現場履勘。

■國土保全總體檢 —— 梨山地區地滑整治現場履勘。

■台東縣池上鄉所遺留幾十年前地震遺跡。

除了整個工作團隊的基本成員外，也包括各地方政府（包括縣市和鄉鎮公所），以及專家學者和居民代表，座談氣氛極為熱烈。

整體而言，本案為黃委員自動調查案件中，歷時最久、層面最廣、報告篇幅最多的一個調查案，文長將近二十五萬字，其中五個分案報告並對行政院提案糾正。

茲將「國土保全總體檢」專案現場履勘及反應問題簡要列表如下頁。

調查意見

黃委員根據九個梯次總共二十天，到全國崩塌及土石流區、洪氾溢淹區、地盤沉陷區、海岸侵蝕區及地震斷層區現場實地履勘與座談所得學界及民眾意見，過程上中央相關部會以及各縣市政府也先後參與，並有著

■國土保全總體檢——台北區崩塌整治現場履勘。

日期	行程	反應問題
88年9月15日至88年9月16日	屏東縣	塭豐海岸沙灘日減急需岸堤保護、枋寮及楓港海岸侵蝕嚴重
88年9月29日至88年10月2日	嘉義觸口北上至苗栗內灣斷層帶	活動斷層位置特性應加調查、系統性監測系統應儘速設置、地質法及災害防治法應儘速完成、防災救災通訊醫療設備及能力應加強
88年11月30日	嘉義縣	八掌溪引用淡水計畫應儘速規劃建造、部分排水溝上潮氾溢、地面污染導致轉抽地下水、魚塭停養應予生活補助、海岸受波浪直襲需建立離岸堤
88年12月1日	台南縣	青山洲海岸侵蝕需突堤保護、網子寮沙洲及頂頭額沙洲漸受侵蝕、七股海岸侵蝕嚴重
88年12月2日	高雄縣	蚵子寮海岸侵蝕日深、興達港潟湖附近因電廠及漁塭致沙洲消失、崎漏至喜樹海岸侵蝕擴大
89年1月5日及89年3月12日至89年3月13日	南投地區（九九峰及九份二山）	預警系統應儘速設置、災民房屋租金及拆屋搶修經費延遲發放、地震災難地景應規劃保留、應舉辦公聽會讓居民了解危險溪流位置和危險村落疏散位置及長期安置計畫
89年1月6日	雲林地區（草嶺堰塞湖）	上游阿里山溪泥沙未能清除、堰塞湖觀光事業未設專責單位管理、上游支流水土保持工作應加強
89年2月29日	宜蘭縣	頭城金面溪北岸無沙源供給而有侵蝕現象、河口以南因過量採沙致沙灘消失
89年3月1日	花蓮地區	南邊野溪須加整治、原鳳義產業道路需要整治、土石流堆積大石應儘速清除、陡峭山坡農耕破壞水土保持應加解決、基層人員勘災取締應加保障、清水溪上游石渣應加疏浚、鳳義坑一期工程核撥經費不足、

		河川上中下游管理機構權責未能連貫、颱風整治經費未能及時核撥、採礦政策需要調整、中央政策制定未能邀請地方參與、花蓮港東防波堤設計不當致侵蝕嚴重
89年3月3日	台東地區	獎勵造林政策需要修改、太麻里溪及文里溪整治經費不足、採礦作業破壞水土保持、造林面積經費需要增加、救難醫療人力資源不足、台東海岸易受颱風波浪侵蝕
89年5月3日	彰化縣	海堤共構工程應確立權責單位、濁水溪砂石採取應合理管制、六輕抽砂應於外海進行、養殖業超抽地下水、地層下陷造成防潮水閘門失效、相關單位應制定標準抽水量、採取休耕或變更土地利用減少地下抽水、公共設施造成地下水涵養不足、沿海應設蓄水池供農漁用
89年5月3日及89年5月4日	雲林縣	各區域排水整治緩慢、大型抽水站應儘速加設、水閘門年久失修、抽水站用地產權轉移建議免稅、水利工程經費應逐年編列、區域排水整治經費應由中央補撥、湖山湖南水庫造壩計畫應加速推動、封井涉及養殖業者生計、統山洲等具屏障性質沙洲萎縮
89年7月6日	武陵梨山地區	武陵農場和福壽山農場部分土地遭到占用、原住民交換土地尚有部分未指界點交、德基水庫上游水土保持尚待加強、梨山超限利用土地尚未收回、農藥超量使用情形嚴重及梨山地層滑動處理延宕
89年7月12日	台北縣	水土保持執行人員及機具嚴重不足、中央地方整合協調不足、法院及檢調單位未能配合、後續救災法源依據未定、山坡地查報取締刑責過輕、環保專責警察單位應該設立、中央專責治理單位應該成立、八里海岸由於抽砂及水庫興建受到侵蝕
89年7月12日	台北市	中央應要求各級政府施作工程應提水土保持計畫、各縣市長有關水保研討會應該召開、橋樑涵洞興建規範應加修改

積極的互動、回應後，綜整提出文長二十五萬字的調查報告，茲將調查意見簡要臚列如下：

■崩塌及土石流區

一、山坡地「重治理、疏管理」之偏誤造成治山防災執行成效不彰。

二、山坡地管理體制紊亂，相關主管機關各行其是，未落實依法行政，肇致坡地災害不斷。

三、山坡地管理法令未臻周延，相關主管機關怠於研修，殊有可議。

四、山坡地管理執行績效督考徒具形式。

五、行政院應即督飭所屬整合災情調查資料，貫徹執行後續防災工作。

■監察院長代表致贈紀念品感謝擔任國土保全總體檢案諮詢顧問的國立成功大學防災研究中心主任謝正倫。

■洪氾溢淹區

一、行政院未能通盤考量洪氾地區土地利用及整體性防洪排水機制建立，各權責機關彼此間橫向聯繫不足，致計畫完成後反排擠當地以外的其他防洪排水計畫，增加洪氾溢淹災情，顯有違失。

二、行政院對整治重大河川計畫模糊分散且執行不力，造成長久以來部分地區每雨必淹，應負督導不周及考核不實之責，又其防洪基本觀念欠當且計畫久缺整體性，罔顧民眾生命財產安全，有損政府施政形象。

三、行政院長期以來未能責成有關機關設置河川專責管理機構，致水利事權不能統一，難收徹底落實執行之效，核有違

■「國土保全總體檢 —— 台東地區」座談及諮詢會議。

失。

四、行政院未責成內政部及各縣市政府配合颱風水災等重大災害辦理都市計畫作業變更，對都市防災警覺性不足，坐失防洪時機，亦有疏失。

五、各級政府對於洪氾地區土地利用政策宜考量土地使用發展彈性；另徵收用地時更應加強人民權益保護以杜民怨。

■地盤沉陷區

一、有關地層下陷地區土地整復利用，行政院迄未進行各權責機關的整合，針對地層下陷所涉經濟、社會、法律、政治、水資源及土地管理等層面的問題，亦未統籌規劃進行整體性計畫，並研訂相關配套措施以資因應，顯有未當。

二、行政院長久以來對於地層下陷地區管理資訊不足，又未對下陷地區土地保育與整復利用研訂完整技術規範，致每年投注龐大經費，惟其整治成效始終有限，有損政府施政形象，亦有未洽。

■海岸侵蝕區

一、水利機關長期未能加強海岸水文研究，並建立海岸地區基本資料庫，僅憑經驗法則辦理海岸防護工作，致海岸侵蝕防治績效不彰。

二、主管機關未加強海岸防護規劃與工程方法的研究，並研訂海岸防護設施施工標準，致影響海岸防護成效。

三、相關機關興建有關工程及核准河砂開採時，多未詳細評估其對鄰近海岸潮流、漂砂及地形等影響而常造成海岸侵蝕及災害。

四、海岸法未能早日通過實施，造成海岸地區管理組織紛歧，權責時有重疊或不足。

五、行政院未能儘速核定「台灣地區海岸管理計畫」，致使內政部無法就海岸地區土地管理利用予以整體規劃，尚有未當。

■地震斷層區

一、行政院為國家最高行政機關，長期漠視地質調查主管機關人力及經費的嚴重不足，造成活動斷層調查工作績效不彰及精度不足，導致相關機關無法落實實施斷層帶土地規劃、管理及利用，影響民眾生命財產安全，顯有疏失。

二、行政院未能掌握時效早日推動地質法立法實施，影響國土開發利用的地質安全，亦有不當。

三、行政院應責成相關機關重新全面檢核國內重大公共工程的地質條件。

針對上述國土保全上的缺失，為兼顧國土保全與國土利用，在國土永續經營為目標的前提之下，在規劃國土管理與利用時，應本以下三項原則：

首先，相關主管機關應先調查劃定所有崩塌區及土石流區等區域，並依其受創的輕重程度及周邊居民公共安全等狀況，排定治療順序與方針，制止人為的繼續破壞，並追蹤其康復狀況，待受創土地康復後，再行訂定土地與人共存共榮之具體作法。

其次，相關主管機關對於所有活動斷層區及土壤液化區等地區應完成全面調查工作，針對其中體質脆弱的區域，主管機關應限制其開發的型態與密度。

最後，相關主管機關對於體質良好的土地及經治療後已康復的土地，應構造人民生產活動的安全基盤，以確保建設成果長存。

■國土保全總體檢──花蓮地區履勘。

大地情懷

謝正倫
國立成功大學
防災研究中心主任

民國八十八年夏，瑞伯颱風侵台，在花蓮縣鳳林鎮誘發嚴重的山崩與土石流災害，也掀起一場居民與地方政府間激烈的抗爭。當地居民質疑，地方政府放任山坡地的濫墾濫建是導致此次災害的元凶，這場抗爭隨著居民向監察院陳情而漸趨嚴峻。

在此同時，我也接到一份監察院的來函，希望我以專家學者的身分協助調查工作。在這次機會中，我首次與黃煌雄委員結緣，因他正是此案的主辦委員。初次見面的印象，覺得這個人審事度理冷靜又清晰，兼之鉅細靡遺的問案方式，確有古代御史大夫的模樣。但因我自幼性喜自由，厭惡權威，對他也就抱著敬而遠之的態度。料想此次過後，當各行己路不再有瓜葛，遂連名片交換乙事也都省略了。

豈料同年（八十八年）九月二十一日，台灣發生近百年來最大的強震，車籠埔斷層縱裂百餘公里、逆衝十餘米，百姓死傷慘重，全國陷入恐懼驚顫之中。當時我任成功大學防災研究中心主任一職，九二一震後因職責所在，除一面安撫家人情緒之外，一面更積極投入災情調查工作，正當焦頭爛額之際又接獲監察院來函，希望成功大學防災研究中心能夠與其合作辦理「國土保全總體檢」。

此案由四位委員聯合主持，黃煌雄委員正是當中的總召，本案規模之大，在監察院中恐怕是空前了。時程歷約二年，範圍橫跨全省山巔水際，查詢探訪的對象更包括中央、縣、市、鄉鎮各層級等相關人員。在工作執行期間，黃委員與成大團隊走遍全省各類災害現地，親身感受災害的恐怖與受災戶的悲慟。在二十餘場的訪談公聽會中，除了聽取中央及地方公務員的解說外，更直接與民眾對談，傾聽民眾心聲，以平衡雙方意見。最後與學者專家研討彙整，歸納各方意見，為災害把脈診斷。這段期間，黃委員追求真相的渴望與對台灣這塊土地的熱愛，著實令人動容。最後的總報告中，他把「國土保全總體檢」定名為「大地之愛」，正是他愛台灣的心境寫照。在調查工作告一段落後，即由監察院向行政院提案糾正，並要求相關部會限期改善。綜觀該糾正案提出至今已歷四年，其影響仍在各部會持續發酵中，許多議題甚且成為各部會之政策。本案對推動台灣防救災工作是一大助力，足以在台灣防救災史上記上一筆。

此案之後，每到新春節日，他總不忘邀我到他家中喝個春酒，「菜」是黃太太拿手的家常菜，「酒」則是一般烈酒。餐敘是在黃委員家中那個小小的餐廳裡，擠入黃家三個寶貝女兒、黃委員夫婦以及我，雖稍擁擠卻也格外溫暖。餐敘總是在黃委員暢談台灣民主中開始，然後在三個寶貝女兒的歡笑聲中結束。這個御史大夫在家中，像個最沒地位的人，任由女兒們嘲弄嬉笑也不以為忤。今年兩個女兒出閣，我雖未能前往，卻可想像他抿著嘴唇、眼角泛著淚光的樣子。唉！這樣有古早味的男人啊，近來已不復多見矣！

社區總體營造總體檢案

他每次下鄉訪察，總是不要其他的飲料，只要一杯「溫熱的白開水」。這正是他為人處事的表徵。……印象最深刻的是他在監察院的中午午休的「便當會」，各部會官員、學者、專家利用休息時間到他辦公室，暢談各種議題，……集思廣議，我常熱淚的敬陪末座，卻看到新台灣在新世紀的未來。

——鄭水萍　資深文史工作者

調查案由

總統直選之後，我國民主已告建立，民主是否能得到鞏固，社區總體營造可做為有

■黃委員一行走訪高雄縣後勁視察社區總體營造實況，當天並與社區居民座談至深夜11點。

效的切入點，本案的提出正是基於此一立足點來回顧與檢討我國社區總體營造的實施狀況。

調查期間

本案係黃煌雄委員自動調查的案件，調查委員尚包括郭石吉和林時機兩位委員，於八十八年九月十七日成案，八十九年十一月十六日調查報告提請教育及文化、內政及少數民族與財政及經濟委員會議審議通過在案，前後歷時十四個月。

調查對象

本案的調查對象機關包括行政院文化建設委員會、內政部、經濟部、交通部、環保署、衛生署、原住民委員會以及農業委員會等。

■訪查台東縣延平鄉紅葉少棒紀念館。

調查方式

本案的工作方式以實地訪查並舉辦座談為主，從八十九年一月二十五日至八月三日，以十二梯次到全國二十二個縣市一百一十二個社區營造點實地訪查並舉行座談會，藉以瞭解各地從事社區總體營造的情形。

調查過程

在八個月的訪查過程中，黃委員等一行從最初的文建會和內政部社會司兩個單位，逐步增加了內政部營建署、經濟部中小企業處和商業司、交通部觀光局、環保署、衛生署、農委會以及原委會等部會，有時也因訪查地區的特殊性，增加了一些特別單位，例如到災區時，增加了九二一重建委員會，到蘭嶼時，增加了原能會和台電公司，整個訪

■凌晨1：30黃委員一行在南投縣魚池鄉長寮尾社區座談。

查隊伍，有如一個工作團隊。

參加座談的人員，除了工作團隊的基本成員外，尚包括各地方政府代表（包括縣市和鄉鎮公所）、社區工作者和文史工作者，由於參與人員具有代表性，座談過程相當熱絡，黃委員等一行在大雨中，晚上九點才抵達屏東縣霧台鄉進行座談，雲林縣古坑鄉的座談一直到晚上十點才結束，高雄後勁的座談一直到深夜十一點半才結束，南投縣長寮尾社區座談會甚至進行到凌晨兩點，台東縣蘭嶼鄉座談會持續到下午三點才得以果腹，諸如此類情況屢見不鮮，可見座談氣氛熱烈之一般。

茲將「社區總體營造總體檢」專案實地訪查及反應問題簡略列表如下：

■社區總體營造蘭嶼座談會砲聲隆隆，直到下午三點才得以吃飯。

日期	行程	反應問題
88年11月2日及3日	南投縣埔里鎮、魚池鄉長寮尾社區及中寮鄉	重建工作局限文字宣示、社區重建委員會職權限縮意見整合、集合住宅重建進度緩慢、災區重建人力普遍不足、災區重建未與文化教育結合
89年2月23日	彰化縣埔鹽鄉永樂社區及二林鎮公所	政策執行偏失虛應、士氣效率低落、居民認知能力不足、農村產業人力老化
89年2月23日	雲林縣古坑鄉	社區總體營造工程偏離政策理念、鄉鎮展演設施設置補助金額不足、村里長與社區發展協會對立
89年2月24日	嘉義市形象商圈	中央政府補助額度不足、專業工作團隊不具地緣關係
89年2月24日及25日	嘉義縣新港文教基金會、東石鄉船仔頭社區及阿里山鄉達邦及特富野部落	社區總體營造局限零散且無法滿足當地部落需求
89年3月28日	屏東縣立文化中心	社區總體營造多無深耕、村里長與社區發展協會對立、文史工作團體不受重視、行政機關與民間團體缺乏溝通聯繫、農村社區缺乏整體規劃
89年3月28日	高雄市音樂資訊館、哈瑪星社區及後勁社區	市府努力不符民間期待、基層民意代表與民間團體衝突、民間自主參與情況不佳
89年3月29日	高雄縣橋頭鄉五里林社區、橋頭糖廠、甲仙鄉化石館與錫安山社區	相關文化預算編列不足、專業規劃團隊缺乏社區認同、基層公務人員士氣低落
89年3月30日	台南縣關仔嶺形象商圈、楠西鄉江家古厝與善化鎮牛庄	政府經費編列不足、相關部門事權分散、專業人才不足、規劃團隊未能蹲點、地方生態負面效益出現

89年3月31日	台南市藝術中心、金華社區及東明里烏臼巷社區	相關業務部門各自為政、地方團隊組織未獲輔導、計畫與現實出現落差、社區發展協會與鄰里組織衝突、人才培育教育不足
89年4月26日	台東縣台東市建和社區、延平鄉桃源社區及布農文教基金會；花蓮縣太巴塱社區、馬太鞍社區、萬榮社區與豐田社區	民眾缺乏公共參與意願、文化產業講師普遍缺乏、文化產業振興面臨瓶頸
89年4月27日及28日	宜蘭縣立文化中心、蘇澳鎮白米社區、五結鄉大二結社區、礁溪鄉協天廟及玉田社區	年輕人口大量流失、文化建設經費不足
89年5月22日及23日	澎湖縣立文化中心、馬公市菜園社區、馬公市形象商圈、馬公市鎖港社區、西嶼鄉小門社區及竹灣國小	社區學校未能充分結合、人力資源外流老化、居民過分依賴政府、政府業務單位步調不一
89年5月30日及31日	金門縣立文化中心、金湖鎮新市里商店街區、金門酒廠、金城鎮珠山社區、金城鎮形象商圈、金沙鎮后埔頭傳統聚落及金門國家公園管理處	村里社區彼此競合、社區總體營造經費人力不足、計畫理念與執行出現落差
89年6月8日	台北市永明社區、吉慶社區、八頭里仁協會、北投溫泉博物館、紅樓電影文化館與西門町文化商圈	社區服務人員訓練不足、文化博物館未能發揮預期教育功能、社區資訊聯繫管道不足
89年6月9日	基隆市砂子社區及暖暖社區	政府工程破壞生態、社區發展泛政治化、文化工作團體不受重視
89年6月9日及6月26日	台北縣瑞芳鎮公所、金礦博物館、太子賓館；台北縣政府、柑園國中、鶯歌鎮公所、鶯歌陶瓷博物館、淡水鎮公所及淡水鎮圖書館	中央政府補助預算不夠、形象商圈規劃發展不足、文化工作團體定位不明、學校社區未能充分結合
89年6月27日	桃園縣中壢市忠福里活動中心、大溪鎮公	政府相關計畫資源未能整合、社區自治能力未

	所、大溪鎮老街與復興鄉角板山形象商圈	獲充分鼓勵、在地文史工作團體無法立案
89年6月28日	新竹縣尖石鄉公所、橫山鄉內灣社區和竹東鎮美之城社區	原住民基礎建設不足、原住民族歷史文化失落、教育內容不符現實需求
89年6月28日及29日	新竹市東城門、新竹市政府、竹塹玻璃藝術館、國民戲院影像博物館和舊社社區	社區總體營造局限示範點、社區發展協會定位模糊、人才培訓及經費普遍不足、地方派系利益糾葛
89年6月30日及7月1日	苗栗縣建中國小、三義鄉神雕村、水美街、勝興車站、龍騰斷橋、泰安鄉原住民陳列館、南庄鄉蓬萊社區與東河社區	計畫補助經費不夠充裕、土地公共事務不易協調、執行人員學養經驗不足、經費核銷程序繁冗、相關部門縱橫聯繫不足
89年7月17日至19日	台南縣大內鄉頭社社區、高雄縣甲仙鄉小林社區、屏東縣三地門鄉、霧台鄉、原住民文化園區管理局、台東縣卑南文化公園、南王部落、蘭嶼鄉公所和蘭嶼核廢料儲存場	原住民族文化保存不夠積極、資源投入各族不夠均衡、社區居民共識不足、年輕義工培養不易、總體營造流於紙上作業
89年7月24日至28日	台中市政府、台中市軍功國小、大坑社區、楓樹社區、德昌新世界集合住宅大樓；台中縣霧峰鄉明台家商；南投縣政府、國姓鄉福龜村、埔里酒廠、吳蚣里、牛眠里、魚池鄉日月潭邵族、信義鄉譚南村、集集鎮隘寮里、廣明里、中寮鄉永平十一村；台中縣金巴黎社區、大愛社區、東勢鎮新天倫原住民臨時安置住宅、東勢鎮本街、中嵙里、公館社區、石崗鄉土牛劉厝社區、豐原市聯合大市場、尊龍大樓及德川家康大樓	中央補助經費不夠充裕、社區總體營造與經濟活動無法結合、過度相信學者專家、金融貸款未徵詢地方意見、災民無處居住、里長與社區發展協會理事長衝突
89年8月2日及3日	連江縣鐵板社區、復興社區、馬祖國家風景管理處及芹壁社區	景點規劃經費不足、工程建材運送不易、社區總體營造專才缺乏

調查意見

黃委員在聽取全國二十二個縣市一百一十二個社區營造點中社區及文史工作者等各界意見，過程上並得文建會等相關部會的參與及基本回應後，綜整提出長達十多萬字的調查報告，茲將調查意見簡要臚列如下：

一、以資源整合分配來看，中央政府宜成立跨部組織以利各部會統籌協調，地方政府則宜統籌單位辦理社區總體營造推展。

二、以人才培育訓練來說，政府應適當鼓勵卓有績效的基層公務人員，由各縣市自設統籌單位，執行計畫研擬、申請、審核與執行，建立民眾參與制度，並檢討訂定相關行政法規作為獎勵輔助的依據。

三、就傳統文化產業而言，政府應活化聚落相關傳統產業，建構銷售推廣管道強調產品形象及獨立性，並與地方情感結合。

四、以社區組織關係來看，社區發展協會與村里組織重疊並行，彼此常因資源分配及派系糾葛對立衝突，也是政府需研究檢討改善的問題。

五、學校是社區文化的基點，也是標準化的學習場所，善用學校機制可以協助建立社區文化，可以落實鄉土教育，可以協助推行社區教育，也可以提供社區事務所需設備資源。

六、提到專業團隊，規劃團隊應深入瞭解地方需求與資源，以社區居民角度思考問題，從事貼近居民生活事實的設計，因此專業團隊的蹲點與在地化顯得格外重要。

七、文史工作團體與非營利組織亦扮演著極為重要的角色，政府應結合文史工作團體與社區大學做為種子，並充分授權這些文史基金會和社區單位，提供它們充足的經費，輔以有關法令配套與政策引導。

八、以原住民地區的社區總體營造來看，整理多元文化教育內涵的課程教材，推廣原住民語言及文化研究，長期輔導原住民族鄉鎮，培育原住民地區當地人才，並在建立保存原住民族部落自身文化特色外，更積極的推動原住民族傳統文化的產業化。

就整體績效而言，舉其最要者，目前行政院已有「社營」協調會報的跨部會機制，而各縣市也有由副縣長或主任秘書主持的「社營」跨單位協調機制，這些協調機制對資源的整合與運用，實跨出一大步。

那一杯溫熱的白開水

——黃煌雄委員的新典範

鄭水萍
資深文史工作者

望著那一杯溫熱的白開水，我總是想起黃煌雄委員，因為他每次下鄉訪察，總是不要其他的飲料，只要「一杯溫熱的白開水」。這正是他為人處事的表徵。

與黃委員辦理「海洋與台灣」、「地方文史工作者」大型全國的研討會，一貫的原則，總是不要布旗、花圈……等多餘的花費，但是，他在現場，卻從頭到尾，從白天到黑夜，「熱心」的參與。正如「那一杯溫熱的白開水」；透徹、清明、簡樸但是溫熱。

第一次認識黃委員是他到後勁看社區營造，他帶著一大批各部會公務員，首次整合在一起，全台走透透去看「社區總體營造」。沒有什麼地方的事情能瞞著他，「正如那一杯溫熱的白開水」；透徹、清明、簡樸但是溫熱。「憂國憂民」，那一夜在後勁他與民眾暢談到深夜近十一點多。

其後，建議並跟隨他去訪視「社區大學」、「海港」、「產業」等議題，他總是「腦冷心熱」的走到第一線，走遍台灣的土地。

印象最深刻的是他在監察院的中午午休的「便當會」，各部會官員、學者、專家在他——「透徹、清明、簡樸但是溫熱」的感召下，利用休息時間到他辦公室，暢談各種議題，立法院才三讀，「海洋與台灣」研討會從頭至尾讀了十次以上。集思廣議，我常熱淚的敬陪末座，卻看到新台灣在新世紀的未來。

背後的身影與無數深夜的懇談，令人想起蔣渭水的典範，其實同為宜蘭出身的黃委員正在豎立一個台灣人的新典範。

我國社會福利制度總體檢案

黃委員所領銜的這個調查案正好幫助台灣的社會福利界做了一個奠基的工程。……此報告必然成爲往後社會福利討論不可或缺的檔案。……此大型調查案，不但對台灣監察制度的積極功能發揮，也對各種基礎制度的反省有正面的意義。這已不是單獨談社會福利的多寡的爭奪，而是在建立一個政策決策與執行上必須愼重思考的治理準繩。

——林萬億　國立台灣大學社會工作學系教授

如此一個準備周詳、執行徹底的調查案，不只說明監察院在此等議題上已盡其職責，也看到監察委員們戮力奉公的從公典範。

此份調查報告有關軍公教退撫制度的檢討，可說是國內歷年來最爲完整與權威的報告。

——郭明政　國立政治大學法律系教授

調查案由

以全民為基礎的社會福利制度，不僅有助社會團結與和諧，鞏固國家認同，強化人民向心力，而且也能加速國家經濟轉型與社會產業結構調整，此一深層的社會關懷正是「我國社會福利制度總體檢」著手調查的主要動力。

調查期間

本案係黃煌雄委員自動調查的案件，調查委員尚包括趙昌平和呂溪木兩位委員，於八十九年八月十日成案，九十年十一月六日調查報告由內政及少數民族、國防及情報、財政及經濟、教育及文化委員會第三屆第一次聯席會議審查通過在案，前後歷時十五個月。

調查對象

本案的調查對象機關包括內政部、國防部、教育部、衛生署、勞工委員會、經濟建設委員會、國軍退除役官兵輔導委員會、原住民委員會、研究發展考核委員會、人事行政局、主計處及考試院所屬銓敘部。

調查方式

本案的工作方式，以實地訪查相關部門並舉辦座談及諮詢會議為主，從八十九年八月二十九日起，至九十年十月十九日止，舉辦諮詢座談及約詢會議計有二十二場，出席人數計有二七四人。

調查過程

在十五個月的調查過程中，黃委員與學者專家頻頻舉行座談，從歷史及社會觀點分別就職災保險、疾病保險、年金保險、失業保險、家庭津貼、社會救助與福利服務七大項目做徹底總體檢，參考的國家遍及加拿大、美國、英國、德國、北歐、法國、日本、新加坡及中國大陸等國，其間也試圖由影響深遠的俾斯麥模式及貝佛里奇報告書尋求靈感與啟發。

在資料消化與問題整理完成後，黃委員更帶領工作團隊，親臨行政院及考試院相關部會座談，相關部會首長及各級主管都一起參加，由於參與人員具有代表性，座談過程顯得頗為熱絡，互動時間多在三至五個小時以上，以考試院銓敘部座談會議為例，座談從晚上七點開始，一直互動直到晚上十點以後才結束。

茲將「我國社會福利制度總體檢」專案諮詢座談會議及參與人員簡要列表如下：

日期	會議性質及主題	參與人員
89年8月29日	諮詢會議	王永慈、林國明、郭登聰、古允文等教授
89年10月13日	諮詢會議	林國明、古允文、林昭吟等教授
89年11月17日	「從世界的、歷史的觀點看社會福利制度的發展」諮詢會議	美國：林國明、王永慈等教授 加拿大：王增勇、陳孝平等教授 英國：林昭吟教授 德國：郭明政、呂建德等教授 北歐：林萬億、古允文等教授 日本：林顯宗、江亮演等教授 新加坡：吳明儒教授 澳紐：葉肅科教授
89年12月8日	「我國社會福利制度的探討」諮詢會議	職災保險：王惠玲、周玟琪等教授 疾病保險：林國明、陳孝平等教授 年金保險：郭明政、吳明儒等教授 失業保險：詹火生、成之約等教授 家庭津貼：許雅惠教授 社會救助：鄭麗珍、李淑容等教授 福利服務：萬育維教授 古允文及林昭吟等教授
90年1月16日	「從民間的觀點體檢我國社會福利制度」諮詢會議	中華民國全國工業總會郭永雄秘書長 中華民國全國商業總會賈大駿副秘書長

		中華民國中小企業協會王振保秘書長 中華民國全國總工會邱昭明專員 全國產業總工會林明賢主任 台灣勞工陣線張烽益秘書長 兒童福利聯盟文教基金會李宏文研究員 中華兒童暨家庭扶助基金會蕭琮琦主任 老人福利推動聯盟吳玉琴秘書長 中華民國殘障聯盟王榮璋秘書長 中華民國消費者文教基金會楊孝嶸董事 台灣世界展望會吳淑惠主任 古允文及林昭吟等教授
90年2月15日	「從財經觀點體檢我國社會福利制度」諮詢會議	傅立葉、孫健忠、吳忠吉、朱雲鵬、曾巨威、陳建良、羅紀瓊、黃世鑫、周麗芳、林昭吟等教授
90年2月27日	諮詢會議	古允文及林昭吟等教授
90年4月2日	行政院勞工委員會座談會議	陳菊主任委員、郭吉仁副主任委員、王三重副主任委員、賀端蕃主任秘書、林聰明局長、郭芳煜總經理、洪瑞清處長、陳伸賢處長、莊填坤處長、賴錦豐處長、蘇德勝處長、傅還然處長、龔文廣處長、趙炳南參事兼主任、朱鶴群主任、孟藹倫執行秘書、趙肇建執行秘書、藍福良副處長、王幼玲專門委員、曾姿雯研究員、張玉燕視察、施銀河科長

		周玟琪、古允文、林昭吟等教授
90年4月4日	內政部座談會議	張博雅部長、簡太郎常務次長、曾中明副司長、何明察專門委員、陳坤皇科長、古梓龍專門委員、莊金珠編審、鄭文義科長、林昭文科長、楊錦青科長、陳任建科長、陳其勛科長、林維言科長、劉輝男科長、游景明科長、陳素春視察、劉慶男副署長、盛仲達視察、吳敏男科長、廖靜芝主任秘書、趙秀珠科員、蔡正道執行秘書、吳素霞組長、黃椿雄科員、李相臣隊長 李淑容、許雅惠、古允文、林昭吟等教授
90年4月6日	行政院衛生署座談會議	李明亮署長、黃富源副署長、吳憲明參事、張鴻仁總經理、時玉珠經理、賴進祥主任秘書、林金龍經理、陳寶國專門委員、譚開元處長、翁瑞亨處長、郭旭崧處長 李淑容、古允文、林昭吟等教授
90年4月13日	行政院原住民委員會座談會議	尤哈尼‧伊斯卡卡夫特主任委員、邱汝娜處長、鄭天財處長、林江義處長、陳元義處長、趙和賢副處長、黃海倫副處長、陳淑敏科長、安榮進科長、廖福德科長、杞明錫科長、林益陸科長、張吳賢科長、李榮哲科長、楊錦浪專員 李明政、詹宜璋、古允文、林昭吟等教授
90年4月13日	行政院研究發展考核委員會座談會議	紀國鐘副主任委員、葉維銓處長、宋餘俠副處長、蔡明吟專門委員、吳再居科長、吳秀貞專員、陳成家科長

		郭登聰、古允文、林昭吟等教授
90年4月16日	行政院經濟建設委員會座談會議	陳博志主任委員、李高朝副主任委員、劉玉蘭處長、賴清祺處長、魏宗德處長、胡仲英處長、林昌華副處長、張永河副處長、蕭麗卿專門委員、張美陽專門委員、黃舜卿專員、陳正民專員、謝佳宜專員、吳慧君科員、郭明政、吳明儒、古允文、林昭吟等教授
90年4月16日	諮詢會議	古允文、林昭吟等教授
90年6月11日	諮詢會議	古允文、林昭吟等教授
90年8月6日	諮詢會議	古允文、林昭吟等教授
90年8月17日	「我國地方政府社會福利制度的探討」諮詢會議	台北市政府、高雄市政府、台中縣政府、台中市政府、南投縣政府、嘉義縣政府、花蓮縣政府、澎湖縣政府等地方政府社會局局長 卓春英、郭登聰、李淑容、古允文、林昭吟等教授
90年8月17日	諮詢會議	古允文、林昭吟等教授
90年9月3日	諮詢會議	郭登聰、李淑容、郭明政、古允文、林昭吟等教授
90年9月4日	行政院國軍退除役官兵輔導委員會座談會議	楊德智主任委員、李德武副主任委員、吳其樑副主任委員、龔以敏秘書、劉國傳副秘書長、李惠鈞副秘書長、韋渝惠副秘書長、蔡籐雄主任秘書、盧振中處長、商景全處長、李文章處長、林有嘉處長、朱照男會計長、楊長森統計、張德傑執行秘書、黃朝榮科長、徐志迅科長、林楹棟科長、雷台青科長、楊中山科長、鄧文漢科長

		古允文、林昭吟等教授
90年9月5日	約詢會議	胡勝正政務委員 經建會李高朝副主任委員、劉玉蘭處長 勞委會郭吉仁副主任委員、賴錦豐處長、陳伸賢處長、王建宏科長 退輔會劉國傳副秘書長、商景全處長、林楹棟科長 社會司蕭玉煌司長、鄭文義科長、楊錦青科長、兒童局魏隆盛組長 衛生署譚開元處長、健保局張鴻仁總經理、劉在詮經理
90年10月19日	銓敘部座談會議	銓敘部吳容明部長、吳聰成次長、退撫司陳清添司長、江汶珠副司長、李政森簡任秘書、吳玲芳專門委員、張惠玲科長、莊淑芳科長、簡淑娟科長、賴俊男科長 公務人員退休撫卹基金管理委員會葉長明副主任委員、楊安城組長、錢釧釘組長、林美容主任、李韻清專門委員、賴東亮科長、張淑惠科長 國防部高揚次長、人力司范致靖處長、人次室葉宜生處長、潘雯靜先生、郝名琪先生、楊慶永先生 教育部吳鐵雄次長、陳長德專門委員 人事局歐育誠副局長、給與處朱楠賢副處長、張勝旗專門委員、林錦慧科長 郭明政、黃世鑫、盧政春等教授

調查意見

黃委員根據二十二場諮詢座談及約詢會議所得相關部會及學者意見後，綜整提出文長十四萬字的調查報告，茲將調查意見簡要臚列如下：

一、行政院長期將龐大社會福利預算的編列與執行，分散多個部會各自辦理，缺乏統籌運作機制進行有效管理與運用，以致社會福利資源長期分配不公、不均與浪費，顯有失當。

二、行政院長期拖延勞保老年給付年金化制度，致使近八百萬勞工人口老年基本生活無法獲得保障，亦屬失當。

三、行政院對草擬多年的就業保險法與兒童及少年福利法的合併修法，至今均未能完成立法，效率顯屬不彰。

四、中央政府對於地方政府社會福利補助經費方式的變更，權責機關應切實執行相關配套措施及效益評估。

五、行政院對於社會福利人力嚴重不足，未能有效充實，且未能有效整合政府及民間資源，確有不當。

六、行政院所屬主管機關應就有關各項福利政策及措施加強宣導，以期提高資訊的普及性及可行性。

七、經建會規劃國民年金制度，延宕多年，迄未定案，實有疏失。

八、全民健保監理委員會及費用協定委員會功能重疊且權責運作無法協調，應研議調整。

九、地方政府違法積欠健保局健保費補助款，行政院應尋求可行方案儘速解決。

十、行政院衛生署未能有效落實轉診制度，實有失當。

十一、現行健保被保險人自付保費負擔有不符社會公平正義現象，應修法改善。

十二、中央健康保險局應力求開源節流，並應檢討費基負擔公平性，以健全健保財務。

十三、行政院勞工委員會未能依法確實掌握被資遣員工資料，亦未落實職業病鑑定，影響勞工權益至鉅，應予檢討改進。

十四、職業災害保險與全民健康保險給付重疊問題，相關主管機關應儘速溝通協調，建立標準。

十五、社會救助法修正公布施行後，相關預算不增反減，各級政府又因財力與重視程度不同引發結構性困境，亟待正視解決。

十六、我國低收入戶比例偏低，且大部分社會救助經費集中在中低收入戶生活津貼，相關主管機關允宜積極檢討貧窮線界定標準，俾合理分配資源。

十七、社會救助對於協助低收入戶「反貧窮政策」的積極性顯然不足，應予加強。

十八、我國各項福利津貼多為現金給付，普及性照顧弱勢團體的福利服務不足，政府實應重新檢討福利服務的發展方向。

十九、為因應我國高齡人口快速增加、國人平均壽命逐年提升及疾病型態慢性化等趨勢，相關單位應儘速建構完整長期照護體系。

二十、行政院原住民委員會對於原鄉資訊傳遞不易及資源取得困難等有礙原住民社會福利推展的癥結，應設法克服。

二十一、我國應主動積極爭取加入有關社會福利的國際性組織，並加強實質交流與合作，俾建構完整社會福利制度。

二十二、為兼顧政府財政及福利資源分配的公平正義原則，相關單位就軍公教退撫制度研擬相關過渡機制，有效解決。

台灣社會福利界的奠基工程

林萬億
國立台灣大學
社會工作學系教授

「我國社會福利制度總體檢」案是監察委員黃煌雄先生所發動的自動調查案。雖然，一九九〇年代我國社會福利蓬勃發展，但是，社會福利學界、社會福利團體，以及弱勢團體仍然對社會福利制度、經費、輸送體系迭有批評。更不用說是自由經濟學者，以及企業界人士，也對社會福利經費的快速增加，頗多微詞。通常一國的社會福利越發達，右派人士與中上階層家戶會有較多反對聲浪，而左派與中低階層家戶表示歡迎者居多。反之亦同。而我國的社會福利到底出了什麼問題？為何兩邊不討好？

黃委員結合了學者專家、社會團體代表，收集各國資料，整理後再轉化為問題，要求各相關部會回答。這樣的作法猶如進行一個嚴謹的研究案，其結果自然令人信服。本案報告出爐，不但資料豐富，而且涵蓋面廣，將當前我國社會福利制度的主要課題：政策制訂、法治、預算、組織、執行問題一一點出，並針對主要制度，如全民健康保險、年金保險、社會救助、福利服務、長期照護等逐項檢視。是我國較大規模地檢討社會福利制度的一次，其對我國社會福利制度的發展具有回顧與前瞻的作用。

即使是一般學者專家，除非對社會福利史有興趣，又有足夠的時間，否則也很難做出如此深入的調查報告。黃委員所領銜的這個調查案正好幫助台灣的社會福利界做了一個奠基的工程。耙梳出問題的癥結，整理出時間的脈絡，又將資料鋪陳得很有系統。此報告必然成為往後社會福利討論不可或缺的檔案。

從這裡可見黃煌雄先生的用心，是從社區總體營造課題進行調查以來，較有計畫而完整的大型調查案，不但對台灣監察制度的積極功能發揮，也對各種基礎制度的反省有正面的意義。這已不是單獨談社會福利的多寡的爭奪，而是在建立一個政策決策與執行上必須慎重思考的治理準繩。國人應該嚴肅地看待這樣的工作。

參與「我國社會福利制度總體檢」之心得與感念

郭明政
國立政治大學
法律系教授

作為一位大學教授，教學、研究之外，社會服務也是應盡職責之所在。就此，參與監察院黃煌雄委員等負責調查的「我國社會福利總體檢」案，可說是本人在社會服務層面上的一個美好經驗。

在此案中，本人參與了二〇〇〇年十一月十七日在監察院召開的「從世界的、歷史的觀點看社會福利制度的發展」諮詢會議、二〇〇〇年十二月八日在監察院召開的「我國社會福利制度的探討」諮詢會議。其後，則於二〇〇一年四月十六日以陪同教授的身分參與在經建會所召開的座談會，及二〇〇一年十月十九日在銓敘部召開的座談會。在參與過程中，看到監察委員、與會的專家學者以及監察院的工作人員，無不盡心盡力的投入此一議題，更令人感動。如此一個準備周詳、執行徹底的調查案，不只說明監察院在此等議題上已盡其職責，也看到監察委員們戮力奉公的從公典範。其中，最令本人感佩的，尤其是最後一場在銓敘部所召開的座談會。

為了配合各部會，此一在晚上舉行的座談會邀請了銓敘部長、銓敘部次長、國防部次長、教育部次長及各部會的司長、副司長、科長等負責人員，本人也與另二名教授以「陪同教授」之身分與會。按軍公教的退休撫卹問題，可說是國內社會福利制度中亟待改革的核心問題。惟此一問題因觸及眾多軍公教人員的保障及利益，也觸及負責規劃公務人員的自身利益，因此其改革顯得特別困難。雖然如此，黃煌雄委員等本其青天職責，毫無退縮的面對此一問題。經由此次會議，不只有關的問題得以獲得釐清，問題的癥結也更加清楚。針對此一問題，調查報告二〇七～二一八頁有關軍公教退撫制度的檢討，可說是國內歷年來最為完整與權威的報告。至於在二八五～二八七頁的調查意見，更清楚指出軍公教退撫制度的問題嚴重性、改革迫切性，進而指出應行改革的方向與內容。咸信，只要有關決策、規劃、立法機關能本於此一調查意見進行改革，台灣軍公教退撫制度必能獲得重大改善。

又除了軍公教退撫制度外，本調查報告，對於全民健保，尤其保費調漲，對於勞工保險的老年給付年金化、對於國民年金的規劃，對於社會救助的不足，對於參與國際組織的必要性，皆有極為精闢的分析與建設性的調查意見。咸信，只要遵循此一調查報告盡以必要的改革，台灣的社會福利制度，必將更加健全。

參與此一調查案的過程中，對於監察院得以重視國家體制問題而進行全面的調查，而非止於個案的糾彈，使本人對於監察院有了重新的認識。對於監察委員，尤其主導本案的黃煌雄委員，得以如此戮力從公更是感佩有加。他們的戮力從公，不只表現在他們辛勤的工作（甚至晚上加班、週日也加班），更在於他們關心眾多人民的福祉，關心這個社會、國家是否能建立一個健全的社會安全體制，進而使台灣成為尊重人性尊嚴、追求社會正義並讓人民安居樂業的健全的福利國家。

產業政策與永續發展總體檢案

在這樣的背景下，黃委員毅然決定從事「產業政策與永續發展總體檢」，可說是對於當時產業與經濟大環境所遭逢困難，所給的一件即時性的診斷與救濟工程。

——朱雲鵬　中央大學台灣經濟發展研究中心主任

調查案由

長期以來，台灣在國際社會備受肯定的即為經濟發展的「台灣奇蹟」，然而近年面臨失業率不斷攀升及產業空洞化威脅，其嚴重性實不容忽視，因而自動調查「永續案」。

調查期間

本案係黃煌雄委員自動調查的案件，調查委員尚包括趙榮耀及尹士豪兩位委員，於八十九年七月十一日成案，九十一年一月二日提請本院財政及經濟與內政及少數民族委員會第三屆第五十二次聯席會議審查通過在案，前後歷時十八個月。

調查對象

本案的調查對象機關有經濟部、內政部、財政部、行政院勞工委員會、經濟建設委員會及環境保護署等。

調查方式

本案的工作方式，以近乎田野調查的方式，從八十九年十月二日起，至九十年三月二十三日止，走訪經濟部所屬工業區、加工出口區及國科會所屬科學園區等一〇二處，參訪廠商一二八家，計舉辦廠商座談三十三場，約有八百三十家廠商與會。

調查過程

在將近半年的訪查過程中，黃委員等一行的工作團隊，走訪經濟部所屬所有工業區及加工出口區，參與訪查的團隊，包括經濟

■產業政策與永續發展總體檢 — 經濟部所屬漢翔公司現場履勘。

部工業局、中小企業處、水利處、水資源局、環保署、勞委會、消防署、營建署、台電公司、自來水公司及地方政府，整個行程可說非常緊湊，座談相當熱烈，儘管沿途挨罵，由於座談真實誠懇與生動，加上事後嚴格追蹤督促，使得此種跨越部會、跨越中央與地方的座談在時勢所趨下顯得直接而有效。

另外，黃委員為增加對台商的瞭解，也曾經以顧問的身分，隨同全國工業總會到中國大陸珠江與長江三角洲等地工業區進行訪察。

茲將「產業政策與永續發展總體檢」專案現場訪查及座談單位簡要列表如下：

日期	縣市	地點	座談單位
89年10月2日	台北縣 基隆市	瑞芳工業區 大武崙工業區	經濟部工業局、中小企業處、商業司、台電公司、環保署、勞委會、營建署、賦稅署、台北縣政府、基隆市政府、台北縣中小企業服務中心、基隆市中小企業服務中心
89年10月4日	台北縣	遠東工業區	經濟部工業局、中小企業處、台電公司、環保署、勞委會、營建署、賦稅署、台北縣政府、台北市政府
89年10月4日	台北市	南港軟體園區	經濟部工業局、中小企業處、投審會、台電公司、環保署、勞委會、營建署、賦稅署、資策會、台北市政府、台北市中小企業輔導服務中心、台北市電腦工會

89年10月9日	台北縣	三重永發 三重五金機械 新莊化成 五股工業區	經濟部工業局、中小企業處、商業司、台電公司、環保署、勞委會、營建署、消防署、賦稅署、台北縣政府、台北縣中小企業服務中心、台北縣電腦工會
89年10月11日	台北縣	新店寶橋廠商 中和廠商 板橋世貿工業園區 樹林工業區 土城工業區	經濟部工業局、中小企業處、台電公司、環保署、勞委會、營建署、賦稅署、北區國稅局、台北縣政府、台北縣中小企業服務中心
89年10月23日	南投縣	竹山工業區 青竹藝術園區 南岡工業區	經濟部工業局、中小企業處、水利處、台電公司、自來水公司、環保署、勞委會、消防署、營建署、賦稅署、中區國稅局、南投縣稅捐處、南投縣政府
89年10月24日	彰化縣	彰化廠商 大新工業區 福興工業區 芳苑工業區	經濟部工業局、中小企業處、水利處、台電公司、自來水公司、環保署、勞委會、消防署、營建署、賦稅署、中區國稅局、彰化縣政府
89年10月25日	彰化縣	彰化廠商 彰濱工業區 全興工業區	經濟部工業局、中小企業處、水資局、水利處、台電公司、自來水公司、環保署、勞委會、消防署、營建署、賦稅署、彰化縣政府
89年10月26日	台中縣	加工區中港分處	經濟部工業局、中小企業處、水利處、台電公司、自來水

		台中港關聯工業區 台中幼獅工業區	公司、環保署、勞委會、消防署、營建署、賦稅署、中區國稅局、台中縣政府
89年10月27日	台中縣市	大興街 台中加工出口區	經濟部工業局、中小企業處、水資局、水利處、台電公司、自來水公司、環保署、勞委會、消防署、營建署、賦稅署、台中關稅局、台中縣政府
89年10月27日	台中縣市	台中工業區	經濟部工業局、中小企業處、水資局、水利處、台電公司、自來水公司、環保署、勞委會、消防署、營建署、賦稅署、台中縣政府
89年10月31日	桃園縣	林口工業區 林口華亞工業區 龜山工業區	經濟部工業局、中小企業處、商業司、水資局、水利處、台電公司、自來水公司、環保署、勞委會、消防署、營建署、賦稅署、桃園縣政府
89年11月1日	桃園縣	大園工業區 桃園科技工業區 觀塘工業區 觀音工業區	經濟部工業局、中小企業處、商業司、水資局、水利處、台電公司、自來水公司、環保署、勞委會、消防署、營建署、賦稅署、桃園縣政府
89年11月2日	桃園縣	桃園幼獅工業區 平鎮工業區 中壢工業區 台茂工商綜合區	經濟部工業局、中小企業處、商業司、水資局、水利處、台電公司、自來水公司、環保署、勞委會、消防署、營建署、賦稅署、桃園縣政府
89年11月3日	桃園縣	宏基渴望園區	經濟部工業局、中小企業處、商業司、水資局、水利處、

			台電公司、自來水公司、環保署、勞委會、消防署、營建署、賦稅署、桃園縣政府
89年11月3日	桃園縣	達裕工業區	經濟部工業局、中小企業處、商業司、水資局、水利處、台電公司、自來水公司、環保署、勞委會、消防署、營建署、賦稅署、桃園縣政府
89年11月20日	苗栗縣	苗栗陶瓷業工廠 銅鑼工業區 頭份工業區	經濟部工業局、中小企業處、水資局、水利處、台電公司、自來水公司、環保署、勞委會、消防署、營建署、賦稅署、中區國稅局、苗栗縣稅捐處、苗栗縣政府
89年11月21日	新竹縣	泰和工業區 新竹工業區	經濟部工業局、中小企業處、水資局、水利處、台電公司、自來水公司、環保署、勞委會、消防署、營建署、賦稅署、北區國稅局、新竹縣政府
89年11月22日	台南縣	保安工業區	經濟部工業局、中小企業處、台電公司、自來水公司、環保署、勞委會、消防署、營建署、賦稅署、台南市政府、台南縣政府
89年11月22日	台南市	台南塑膠射出機械業工廠 台南科技工業區 安平工業區	經濟部工業局、中小企業處、台電公司、自來水公司、環保署、勞委會、消防署、營建署、賦稅署、台南市政府、台南縣政府
89年11月23日	台南縣	安定中崙工業區 邱永漢工業區	經濟部工業局、中小企業處、水資局、水利處、台電公司、自來水公司、環保署、勞委會、消防署、營建署、賦稅署、

		永康工業區	台南縣政府
89年11月24日	台南縣	官田工業區 新營工業區	經濟部工業局、中小企業處、水資局、水利處、台電公司、自來水公司、環保署、勞委會、消防署、營建署、賦稅署、台南縣政府
89年11月29日	雲林縣	豐田工業區 雲林科技工業區 斗六工業區	經濟部工業局、中小企業處、水資局、水利處、台電公司、自來水公司、環保署、勞委會、消防署、營建署、賦稅署、雲林縣政府
89年11月30日	雲林縣 嘉義縣	離島式基礎工業區新興區 麥寮汽車零件業工廠 離島式基礎工業區麥寮區 朴子工業區	經濟部工業局、中小企業處、水資局、水利處、台電公司、自來水公司、環保署、勞委會、消防署、營建署、賦稅署、雲林縣政府、嘉義縣政府
89年12月1日	嘉義縣	嘉太工業區 民雄工業區 水上化學工業工廠	經濟部工業局、中小企業處、水資局、水利處、台電公司、自來水公司、環保署、勞委會、消防署、營建署、賦稅署、嘉義縣政府
89年12月26日	宜蘭縣 花蓮縣	利澤工業區 冬山漁產加工業 龍德工業區 和平工業區	經濟部工業局、中小企業處、水資局、水利處、台電公司、自來水公司、環保署、勞委會、消防署、營建署、賦稅署、北區國稅局、宜蘭縣政府

		和平工業專用港	
89年12月27日	花蓮縣	光華工業區 新城石材業工廠 美崙工業區	經濟部工業局、中小企業處、水資局、水利處、台電公司、自來水公司、環保署、勞委會、消防署、營建署、賦稅署、花蓮縣政府
89年12月28日	台東縣	池上休閒旅遊產業 初鹿牧場 利嘉工業區 豐樂工業區	經濟部工業局、中小企業處、水資局、水利處、台電公司、自來水公司、環保署、勞委會、消防署、營建署、賦稅署、台東縣政府
90年1月4日	屏東縣	屏東汽車專業園區 屏東工業區 內埔工業區 屏南工業區	經濟部工業局、中小企業處、水資局、水利處、台電公司、自來水公司、環保署、勞委會、消防署、營建署、賦稅署、屏東縣政府
90年1月5日	高雄縣 高雄市	鳳山工業區 仁大工業區 楠梓加工出口區	經濟部工業局、中小企業處、水資局、水利處、台電公司、自來水公司、環保署、勞委會、消防署、營建署、賦稅署、高雄關稅區、高雄市國稅局、高雄市政府
90年1月10日	高雄縣	路竹螺絲業工廠 岡山螺絲業工廠 永安工業區	經濟部工業局、中小企業處、水資局、水利處、台電公司、自來水公司、環保署、勞委會、消防署、營建署、賦稅署、高雄關稅區、高雄市國稅局、高雄市政府
90年1月11日	高雄縣	林園工業區 大寮高壓軟管業工廠	經濟部工業局、中小企業處、水資局、水利處、台電公司、自來水公司、環保署、勞委會、消防署、營建署、賦

		大寮塑膠業工廠 大發工業區	稅署、高雄縣政府
90年1月12日	高雄市	前鎮加工出口區 高雄市電子業工廠 臨海工業區	經濟部工業局、中小企業處、水資局、水利處、台電公司、自來水公司、環保署、勞委會、消防署、營建署、賦稅署、高雄市政府
90年3月8日	新竹縣 新竹市 苗栗縣	園區竹南基地 新竹科學工業園區	經濟部工業局、中小企業處、水資局、水利處、中央地調所、台電公司、自來水公司、環保署、勞委會、消防署、營建署、陸委會、國稅局、國科會、科學園區管理局、園區同業工會、新竹縣政府、新竹市政府、苗栗縣政府
90年3月9日	台南縣	台南科學工業園區	經濟部工業局、中小企業處、水資局、水利處、中央地調所、台電公司、自來水公司、環保署、勞委會、消防署、營建署、陸委會、高鐵局、南區國稅局、台南縣政府
90年3月21日	桃園縣	龍園科學研究園區 青山科學研究園區系製中心	中山科學研究院
90年3月23日	高雄市	聯勤三〇二廠	國防部
90年3月23日	台中市	漢翔航空工業股份有限公司	經濟部

調查意見

黃委員根據走訪一〇二處經濟部等部會所屬工業區及加工出口區，參訪一二八家廠商，舉辦三十三場廠商座談所得業界意見，並就工業區土地鬆綁、事業廢棄物處理、及外勞薪資膳宿等三大問題持續回應後，綜整提出文長二十多萬字的調查報告，茲將調查意見簡要臚列如下：

一、行政院對工業用地供給欠缺國土發展整體規劃，復缺乏跨部會協調機制，主管機關各行其事，預見能力不足，導致整體供需失衡，國家資源配置失當，價格調整機制失效，核有不當。

二、行政院未能有效結合失業保險、職業訓練與就業輔導，且未能責成公辦公營職

■產業政策與永續發展總體檢 —— 台南科學工業園區座談會。

業訓練單位結合產業需求，致使失業率上升且影響產業成長，顯有不當。

三、產業政策之訂定應以永續發展為目標，全盤考量國家社會整體利益，並兼重法律安定對於投資人的重要性，不應隨政黨輪替而致政策不變。

四、於民主與法治由建立走向鞏固之際，為彰顯政府保護良好投資環境決心，政府應展現貫徹公權力的意志與能力，俾建立產業界信心。

五、政府有關單位對於傳統產業與高科技產業分法應謹慎為之，不宜挫折傳統產業士氣，排擠傳統產業對資金及人才的吸引。

六、我國高科技專業及管理人才不足，嚴重影響國家未來競爭力，政府應有效落實培訓及引進計畫。

七、政府輔導協助中小企業轉型、升級與整合均成效不彰，因而加遽中小企業經濟及社會危機，政府實應予以正視並挹注更多資源。

八、值此經濟不景氣失業率情況嚴重之際，社會普遍存有對於未來的不確定感，行政院應儘速實施勞保年金化，特別是勞保老年給付年金化，以確保近八百萬勞工的基本權益。

九、環保署應獎勵工業減廢，續行推動「資源回收再利用法」立法工作，以建立全面回收管理體系，確保資源能循環持續運用。

十、環保署應加強實地稽核事業廢棄物處理過程，建立監督管理制度，確實掌握事業廢棄物產生及處理過程。

十一、環保署應積極協調各縣市開放轄區垃圾衛生掩埋場及焚化爐餘裕量，藉以處理一般事業廢棄物，並確實掌握各縣市解除限制跨區營運實際情況，俾能落實法規並妥善處理事業廢棄物。

十二、為符合社會與產業實際需求，政府應有效調整水權分配，相關主管機關對於水權核發登記管理也應依法核實審查用水標的之實際需水量。

十三、為落實節約用水，各級政府機關、學校、公共場所及缺水地區全面換裝高效率省水器材措施應加速辦理。

十四、經濟部應督促台電公司提高供電可靠度，積極改善無預警停電狀況，減少產業界無謂損失。

十五、政府機關彼此間及政府機關與民眾間辦事效率低落，缺乏有效溝通，嚴重影響產業投資意願及國家競爭力，行政效率亟待改善。

十六、政府應從根本化被動為主動，改變為民服務態度，才能有效改善投資環境。

十七、為鼓勵及健全地方政府招商，應儘速完成地方稅法通則的立法工作，並採相關激勵措施，俾利落實招商競爭機制。

十八、鑒於台商赴大陸投資已成為無法抵擋的趨勢，政府對於台商宜在資訊獲取、法律諮詢、教育訓練及技術提升上加強協助輔導。

十九、隨著戒急用忍政策的鬆綁，政府機關對台商的服務應有統籌協調機制以有效整合有限資源，如經由全國工業總會在珠江三角洲等重點地區加強對台商服務。

二十、政府應儘速成立世界貿易組織因應小組，藉以統籌協調處理進入世界貿易組織後國內產業所面臨的衝擊。

二十一、政府應掌握國際永續發展趨勢，融入國際永續發展潮流，並同步推動國內永續發展工作，研議具體成效指標。

二十二、政府應賡續綠色國民所得帳之編製，俾供永續發展決策參考與策進，彰顯我國對永續發展的追求。

參與「產業政策」調查案諮詢工作的感想

朱雲鵬
國立中央大學
台灣經濟發展研究中心主任

黃委員行事的認真、看問題的宏觀，與對國家社會重大問題的關懷與用心，從「產業政策與永續發展總體檢」的調查可以明顯看出。委員在開始進行此項調查之時，正逢台灣經濟不景氣，廠商也好，社會也好，大家憂心忡忡，而且當時適逢昇利化工廢有機溶劑遭不當處理，全國最大的廢有機溶劑處理事業被勒令停工，廠商普遍面臨廢棄物無處可去的困境。在這樣的背景下，黃委員協同兩位監察委員，毅然決定從事「產業政策與永續發展總體檢」，可說是對於當時產業與經濟大環境所遭逢困難，所給的一件即時性的診斷與救濟工程。

事隔多年，但我仍然記得，在前往台北縣瑞芳工業區與基隆市大武崙工業區，陪同委員參加第一場履勘行程時，對於前者的佰龍機械公司和後者的千禧年食品公司，留下深刻的參訪印象。兩個都是「傳統」產業，但是前一家生產針織機械的廠商，靠引進針織花色圖案的電腦自動生產控制系統，以及交貨時間的縮短，在不景氣聲中享有極高的營收成長。後者以中央廚房從事餐盒的製作，對於衛生的要求極為嚴格；我們參觀時，需先穿上無塵套，經過除塵室，和參觀半導體工廠無異。當時我就感覺，大環境再困難，只要個別成員在其崗位投入心血，加倍努力，還是可以創造一片天空。

我也記得，在千禧年食品公司進行座談時，廠商出席踴躍，也提出許多的「苦水」和困難；在千禧年食品公司所屬的大武崙工業區，問題尤為嚴重，開車沿途看到許多廠房空置，就是一個明顯的徵兆。整個一天的行程，大家雖然辛苦，卻得到許多寶貴的資訊和建言。而這只是第一場而已，像這樣的工業區，本案共參訪了一百二十八處，共舉辦廠商座談會三十三場次，有八百多家廠商參與。

由於工業局、環保署等相關單位派員參與，廠商所提許多建議，在委員的指示和協調下，有些當場獲得解決，有些於相關單位帶回去後也提出了解決方案。像有機廢溶劑就協調充當水泥窯的燃料，不但解決問題，還成為在能源上有用處的再利用。

能參與本案的諮詢工作，深感榮幸。本案在全國「走透透」之後，能夠對於產業、經濟和環保，解決這麼多的問題，引起重大的迴響，著實值得恭喜與讚揚。據我所知，本案貢獻卓著，但僅只是黃委員所參與全國走透透的許多大案中的一案而已；這反映了委員劍及履及的行事風格，與民胞物與的偉大胸襟，亦一併在此表示敬佩。

我國金融國際競爭力總體檢案

在可預見的未來，全球化、知識經濟是世界經濟情勢的主軸。……一套能夠鼓勵創新及商業化的財稅制度、金融制度及金融業的競爭力，無疑的是不可或缺的關鍵要素。而本調查案的即時完成，適足以支持我國產業發展的願景，我們的產業才會有競爭力，我們才能夠眞正迎接全球化。

——洪德生　台灣經濟研究院副院長

調查案由

由於全球化趨勢與兩岸同時加入WTO，國內產業結構面臨重大衝擊，為求永續發展，實有必要藉由總體檢方式深入探討國

■我國金融國際競爭力總體檢 — 我國金融發展之回顧與檢討，諮詢會時間：中華民國九十一年十月七日(星期一)下午二時。

■本案調查委員黃委員煌雄（中）、黃委員勤鎮（左）、謝委員慶輝（右）。

■與會人員：前行政院副院長徐立德（右四）、賴英照（左四）、前財政部長陸潤康（右三）、白培英（右二）、林振國（左三）、邱正雄（左二）、許嘉棟（左一）、前政務委員鍾琴（右一）。

內金融機構國際競爭力、金融市場國際競爭力、金融法令規章與金融安全網相關規定及兩岸金融往來情況。

調查期間

本案係黃煌雄委員自動調查的案件，調查委員尚包括黃勤鎮、謝慶輝及張德銘三位委員，於九十一年三月八日成案以來，至九十二年六月十七日，經監察院財政及經濟與司法及獄政兩委員會第三屆第四十四次聯席會議審查通過，歷時十五個月。

調查對象

本案的調查對象機關包括行政院、財政部、中央銀行、經濟部、法務部、經建會、農委會、陸委會及司法院等。

調查方式

本案在調查過程中，曾認真研讀行政院二次金融改革小組所提相關意見：第一次為八十六年三月至八十六年底金融革新小組所提一百六十一項建議案；第二次為九十一年七月至九十二年六月金融改革專案小組所提六十三項建議案，並從九十一年五月六日起，至九十二年四月十日止，以八場綿密的諮詢會議，邀請深具代表性的業界及學界人士參加。

調查過程

在十五個月的工作過程中，黃委員的工作團隊，不僅蒐集重要會議與政府施政計畫資料、相關文獻探討、約詢相關主管機關，同時也邀請學者專家提供諮詢意見，並舉辦座談會聽取相關業者建言等。

整體而言，由於本案內容廣泛，黃委員曾多次閉關研讀相關資料，整個工作團隊工作時數超過一千兩百個小時，調查報告修改次數至少十二校稿，文長二十餘萬字，在在顯示所付出之辛勞與努力。

茲將「我國金融國際競爭力總體檢」專案座談議題及參與人員簡略列表如下：

一、辦理學者、專家諮詢會議

日期	諮詢議題	出席人員
91年5月6日	我國金融國際競爭力之相關議題	台灣經濟研究院洪德生副院長、理律法律事務所劉紹樑合夥人、政治大學經濟學系李紀珠教授、台灣大學法律學系王文宇教授、台灣管理學會林筠秘書長
91年9月23日	金融機構及金融市場國際競爭力檢討之相	台灣經濟研究院洪德生副院長、國立台灣大學財務金融學系黃達業教授、國立台灣大學財務金融學系李賢源教授、國立

	關議題	台灣大學國際企業學系邱宏仁教授、富邦金控龔天行財務長、中國國際商業銀行蔡友才總經理（派經濟研究處梁副處長）、台灣銀行陳木在董事長、瑞商瑞士銀行蕭琴馨副總裁（派吳愛頵副總經理）
91年9月24日	金融機構及金融市場國際競爭力檢討之相關議題	國立台灣大學經濟學系李怡庭教授、國立政治大學金融學系沈中華教授、國立政治大學財務管理學系李志宏教授、建華證券黃敏助董事長、富達投資信託股份有限公司吳均龐總經理、美僑商會Banking Committee Chairman道富銀行（StateStreet）黃素貞總經理
91年9月25日	金融法令規章檢討之相關議題	國立台灣大學法律學系王文宇教授、國立政治大學財務管理學系周行一系主任、理律法律事務所徐小波律師、彰銀安泰投信公司鄒鴻圖董事長（派柯世峰總經理）、華南金控許德南總經理、荷蘭銀行台北區經天瑞總經理
91年9月27日	金融安全網檢討之相關議題	合作金庫王濬智總稽核、國立台北大學財經法學系陳春山教授、私立東吳大學會計學系陳元保教授、理律法律事務所劉紹樑合夥人、中華信評陳松興總經理、中央存保陳戰勝總經理
91年9月27日	兩岸金融往來檢討之相關議題	國立政治大學經濟學系李紀珠教授、國立政治大學企業管理學系賴士葆教授、財團法人台灣金融研訓院薛琦院長、大中

		票券陸潤康董事長、彰化銀行張伯欣董事長、台大創新育成公司／中華開發資產管理公司胡定吾董事長
91年10月3日	我國金融業之除弊興利等相關議題	花旗銀行台灣區陳聖德負責人、台灣證券交易所龔照勝董事、倍利綜合證券股份有限公司黃顯華董事長、眾信協合國際法律事務所金文悅律師、中央研究院中山人文社會科學研究所朱雲鵬研究員
91年10月7日	我國金融發展之回顧與檢討	孫運璿學術基金會徐立德董事長（前行政院副院長）、司法院賴英照大法官（前行政院副院長）、大中票券公司陸潤康董事長（前財政部部長）、中原大學白培英董事長（前財政部部長）、台灣金聯資產管理公司林振國董事長（前財政部部長）、大華證券公司邱正雄董事長（前中央銀行副總裁、前財政部部長）、外貿協會許嘉棟董事長（前中央銀行副總裁、前財政部部長）、中華經濟研究院大陸研究所鍾琴研究員（前行政院政務委員）
92年3月7日	我國金融國際競爭力之綜合座談	殷乃平立法委員、國票金控林華德董事長、建華銀行盧正昕董事長、台灣工業銀行駱錦明董事長、台新銀行監察人／義美食品股份有限公司高志尚副董事長

二、舉辦座談會

日期	座談會議題	出席人員
92年3月24日	提升金融機構國際競爭力	土地銀行林彭郎總經理、中國商銀蔡友才總經理、台北銀行丁予康總經理、上海銀行邱怡仁副總經理、安泰銀行蔡清雲總經理、日盛銀行楊淑昭總經理、華泰銀行陳正勳總經理、台灣企銀蘇金豐總經理、中華開發楊子江總經理、世華銀行吳漢梁總經理、建華銀行陳伯蒼總經理、玉山銀行侯永雄總經理、遠東銀行洪信德總經理、台北國際商銀游國治總經理
92年4月8日	提升證券業國際競爭力	萬泰證券李榮記董事長、日陞證券陳招棍董事長、寶來證券黃古彬執行董事、瑞士信貸第一波士頓證券李鴻基總經理、台證證券李新一董事長、台灣中小企銀王昭雄經理、元大京華證券李雅彬副總、建華證券張立荃副總、元富證券劉明道副總、倍利國際證券林獻群副總、群益證券魯元礽副總、永興證券潘珊兒副總、大鼎證券方裕焜副總、日盛證券方進義副總、證交所蘇松欽副總、櫃買中心寧國輝副總、集保公司陳明泰總經理、證券公會莊太平秘書長
92年4月10日	提升保險業國際競爭力	產險公會王事展理事長、富邦產保石燦明總經理、明台產保馮振隆副總、新光產保詹文全副總、中央產保黎堅亮總經理、國泰產保許榮賢副總、泰安產保李松季總經理、蘇黎世

產保林祖裕副總、中國產保魏伯堅副總、新安產保陳忠鏗總經理、壽險公會洪燦楠秘書長、保誠人壽廖建生副總、國泰人壽熊明河副總、南山人壽賴誠副總、新光人壽李後利副總、富邦人壽譚家驎副總、三商人壽林慶祥副總、安泰人壽陳俊伴副總、瑞泰人壽楊和珍協理

三、參加相關座談會

◎九十一年十二月三十日上午九時訪視中央存款保險公司聽取該公司考察南韓金融改革情形。

◎九十二年一月十六日參加台灣研究基金會與台北金融研究發展基金會所舉辦之「大陸台商與台灣金融業發展」研討會。

◎九十二年二月七日參加陸委會及海基會舉辦之「大陸台商協會負責人座談會」。

調查意見

黃委員根據八場諮詢會議所得業界及學界意見，且在獲得兩位先後任行政院副院長與五位先後任財政部長提供諮詢意見，及財政部等有關部會的基本回應後，綜整提出文長二十餘萬字的調查報告，茲將調查意見簡要臚列如下：

■有關金融機構國際競爭力部分

一、我國金融積弊已深，金融機構經營環境持續惡化，政府雖策定多項改革方案，卻未能貫徹執行，致金融基本面仍無法有效改善。

二、為解決日益嚴重之過度金融問題，政府應透過市場機制，改善當前我國金融機構合併環境，以提升其國際競爭力。

三、長期以來，政府對於問題金融機構，慣以短期措施救急，未能嚴格執行以資本為基準之立即糾正措施，並建立退場機制，致造成後續處理困難及成本偏高。

■有關金融市場國際競爭力部分

一、為因應全球化趨勢及相鄰市場之激烈競爭，政府應更加速自由化及國際化，俾積極擴大資本市場規模，強化市場機能與競爭力。

二、我國資本市場長期以來重股票輕債券所形成之「跛足市場」，導致相關的發行交易、清算、稅賦等制度均未臻成熟與完備。

三、政府應有效提升四大基金之資金運用效率，建立完善金融資產管理業務，並應就現行不合宜之稅制進行檢討，維持具有競爭優勢之稅賦環境，以發展我國成為「亞太資產管理中心」。

■有關金融法令規章之檢討部分

一、財經法令管制過多，執行欠佳，造成行政效率不彰，阻礙金融業之創新及競爭力。

二、政府未能借鑑南韓之金融改革經驗，針對核心問題，展現決心與魄力，並通盤全局規劃，同時採行相適應的各項法制改革及配套措施，致成效不彰。

三、政府對於重大金融弊案之違法亂紀者，未積極深入查究，且處理緩慢，延宕經年，致未能有效嚇阻金融犯罪，有違社會公平與正義。

■有關金融安全網之檢討部分

一、為提升我國金融競爭力，政府對於金融監理應有全盤之檢討，俾落實「業務監理從寬，財務監理從嚴」之政策。

二、政府對於金融資訊公開揭露制度之建立，態度消極且有偏差，致無法有效執行市場紀律，進而發揮市場制約功能。

三、政府以龐大金融重建基金處理問題金融機構，應確保運作之公平性、透明性與可信賴度，訂定通盤完整之策略，以利全民瞭解，進而形成共識與支持。

■有關兩岸金融往來之檢討部分

一、為順應兩岸貿易日益增長及台商赴大陸投資之金融服務需要，政府宜提供開放、活絡、健全之金融服務環境。

二、為有效運用目前具有龐大台商及文化語言之先天優勢，政府應積極協助本國金融機構，把握既有利基，加速在大陸的發展空間，以拓展金融市場。

三、台商到大陸投資是全球布局之一環，政府應建置優良之金融環境，以吸引優質台商資金回流並將其營運總部在國內上市、櫃，俾使我國成為跨國企業之資金運籌中心。

整體而言，本案所提多項調查意見，對於行政機關金融改革及提升競爭力觀念與作法的激發獲得諸多迴響，其中各項銀行申請案、信託業務以及衍生性金融商品等，均簡化申請流程或改採負面表列方式管理；同時，為了加速國內資本市場走向國際化，已將管制外資進出的ＱＦＩＩ（合格境外機構投資者）制度廢除；延宕多年的「金融監督管理委員會」，業已於九十三年七月正式成立，使我國金融監理一元化邁進了一大步。

由於賡續不斷的金融改革，我國金融機構逾期放款比率亦自九十一年四月份之最高峰八．〇九％，下降至九十三年三月底之四．一四％；覆蓋比例（備抵放款損失／逾期放款）亦增為三三．三八％，金融改革的成效正逐步顯現。

參與「我國金融國際競爭力總體檢」調查案感言

洪德生
台灣經濟研究院副院長

約在二〇〇二年初，黃委員煌雄兄約我一起談論我國金融市場及金融業的問題。一開始我就被黃委員的高瞻遠矚所感動，但是我也杞人憂天地提醒他，這個問題相當複雜，想要徹底釐清它會是項艱鉅的工程。然而他並沒有被嚇倒，反而積極地構思及規劃如何進行這個調查案。之後連續幾次的私下討論，終於在二〇〇二年五月六日第一次召開專家諮詢會議，大致釐定了調查案的架構。

一個國家金融制度之健全與創新能力，攸關該國金融市場的競爭力及該國經濟永續發展的基礎。台灣金融市場在經歷二十年經濟快速成長之後，已累積不少金融實力。但隨著其他先進國家實施金融現代化改革，允許銀行與證券商跨業經營、及我國加入世界貿易組織（ＷＴＯ）、兩岸經濟互動頻繁之際，未來影響台灣金融市場的發展因素，除了銀行業本身的競爭力及國內金融市場的國際競爭力之外，兩岸金融往來的態勢也是重點之一。因此，整個調查的架構就分成：金融機構國際競爭力之檢討、金融市場國際競爭力之檢討、金融法令規章之檢討、金融安全網之檢討及兩岸金融往來之檢討等五大部分。

整個調查案經過兩年多的時間及無數次的會議之後方才定案，而黃委員自始至終主持及督導全案的進行，實在令人敬佩。事實上，個人覺得它已超過了一個人所能負荷的程度。不過在整個過程中，我卻觀察到一個成功人的特質：就是有遠見、有規劃、能執著、能號召其他的人共同努力。而黃委員就是同時具備這些特質的一個人，我以能夠認識黃委員及參與這個調查案的一小部分工作為榮。

在可預見的未來，全球化、知識經濟是世界經濟情勢的主軸。在這種情勢下，過去各國所依賴的天然稟賦及產業發展的比較優勢已不符需求。未來在國際市場的競爭利基必須設法創造「知識」及運用「知識」，以創造價值。因此一套能夠鼓勵創新及商業化的財稅制度、金融制度及金融業的競爭力，無疑的是不可或缺的關鍵要素。而本調查案的即時完成，適足以支持我國產業發展的願景，我們的產業才會有競爭力，我們才能夠真正迎接全球化。

海洋與台灣相關課題總體檢案

訪查中黃委員一一與國內海洋主管機關和教育院校深入研酌，完成了五百多頁極為完整之調查報告……。黃委員「劍及履及」的作風、「實事求是」之嚴謹態度和對於海洋之正確認知與相關事務之嫻熟，……顯已釐清大政方針和具體方略，對於台灣朝向「海洋立國」勢必產生重大深遠之影響。

——邱文彥　國立中山大學海洋環境及工程學系副教授

生活在這片土地上的政府與人民，除了掛在嘴巴「海洋立國」的口號以外，是否眞的洞悉海洋對台灣的恩澤，而投注必要的心力與經費來研究、經營管理與保護海洋呢？

——李國添　國立台灣海洋大學副校長

調查案由

海洋對於人類文明演進、社會經濟發展及食物供應一直扮演關鍵角色，由於政治戒嚴與重陸輕海等因素，海洋與國家發展關係一直未能受到重視，為落實成為名副其實的海洋國家，遂提出本案瞭解政府當前相關海洋政策規劃與執行成效。

調查期間

本案係黃煌雄委員自動調查的案件，調查委員尚包括黃勤鎮、趙榮耀、呂溪木、黃守高及陳進利五位委員，於九十一年九月十六日成案，至九十三年四月七日提請財政及經濟、內政及少數民族、外交及僑政、國防及情報、教育及文化與交通及採購等六個委員會第三屆第一次聯席會議審查通過在案，前後歷時十八個月。

調查對象

本案的調查對象機關包括行政院內政部、經濟部、教育部、交通部、環境保護署、海岸巡防署、農業委員會、國家科學委員會、文化建設委員會等。

調查方式

本案的工作方式，以實地履勘並舉辦座談為主，從九十一年十一月十八日起，至九十二年六月二十五日止，以十八梯次到全國約八十個港口實地履勘並舉行座談，分就海洋產業、海洋環境保護、海洋與海岸管理、海岸工程技術、海洋科學研究、海洋觀光遊憩、海洋文化資產與海洋教育等部分深入調查。

調查過程

在將近七個月的履勘過程中，黃委員等一行的工作團隊，走訪全國將近三分之一以上的港口，從金門、馬祖、澎湖到綠島和蘭嶼，從南方墾丁到北方富貴角，乘風破浪，不畏風雨。黃委員一行也訪查所有與海洋有關的大學、院所與職校。

茲將「海洋與台灣相關課題總體檢」專案現場履勘主要行程簡要列表如下：

日期	縣市	行程
91年11月18日	台北縣	野柳港、金山磺港、富基漁港、淡水第二漁港漁人碼頭、北觀國家風景區管理處、野柳社區、重三社區、十八王公廟
91年11月20日	基隆市	長潭里漁港、八斗子漁港、正濱漁港、水產試驗所、和平島社區、慶安宮
91年11月25日	台北縣	深澳漁港、鼻頭漁港、龍洞遊艇港、澳底漁港、東北角國家風景區管理處
91年11月25日～91年11月27日	宜蘭縣	大里漁港、蕃薯寮漁港、南澳漁港、烏石漁港、梗枋漁港、大溪漁港、大陸船員岸置中心、北關休閒農場、豆腐岬風景區、南澳東岳社區、南方澳南建里漁港、合興里漁村、蘇澳水產學校、宜蘭傳統藝術中心、南天宮、近安宮、慶元宮
91年12月9日	桃園縣	竹圍漁港、永安漁港、新竹漁港、新豐村

	新竹縣	
91年12月16日～ 91年12月18日	苗栗縣 台中縣 彰化縣	竹南鎮龍鳳港、後龍鎮外埔漁港、苑港漁港、五甲漁港、梧棲漁港、鹿港崙尾灣漁港、王功漁港、竹南鎮慈裕宮、竹南鎮龍鳳港、苑裡鎮慈和宮、大甲鎮鎮瀾宮、高美文興宮、福順宮、福海宮、苑裡鎮房裡社區、大甲鎮建興里高美溼地、永興海埔新生地、王功產業生態、台中港務局
92年1月8日～ 92年1月10日	雲林縣 嘉義縣 台南縣	臺子村漁港、箔仔寮漁港、東石漁港、布袋漁港、布袋商港、青山漁港、將軍漁港、安平漁港、臺子村海堤工程、七股潟湖定砂防護工程、臺西社區營造中心、四湖鄉崙北社區、布袋鎮見龍社區、龍山區、七股鄉溪南村、北港朝天宮、新港奉天宮、魍港太聖宮
92年2月24日～ 92年2月26日	高雄市 高雄縣	興達漁港、彌陀漁港、蚵子寮漁港、鼓山漁港、汕尾漁港、中芸漁港、小港漁港、鳳鼻頭漁港、臨海新村漁港、旗后漁港、中興漁港、中洲漁港、永安石斑養殖區、蚵子寮海堤、高雄港務局、遠洋漁業開發中心、茄萣賜福宮、彌陀彌壽宮、旗津天后宮
92年3月5日～ 92年3月6日	金門縣	新湖漁港、羅厝漁港、劉澳海堤、金門水試所、金門國家公園、水頭城隍廟、金門水產職校、金門高中
92年3月20日～ 92年3月21日	連江縣 馬祖	橋仔廣場、后澳海堤、塘后沙灘、芹壁聚落、板里沙灘、福澳碼頭、馬祖酒廠、八八坑道、牛角聚落、北海坑道、大漢據點、鐵堡、鐵板聚落、馬祖港天后宮

92年3月25日～92年3月27日	屏東縣	東港漁港、小琉球漁港、杉福漁港、箱網養殖區、枋寮漁港、後壁湖漁港、海口漁港、東港大鵬灣風景管理處、墾丁國家公園管理處、鎮海保護工程、東港水試所、水港水產職校、海洋生物博物館、東港朝隆宮、枋寮社區
92年4月2日～92年4月4日	花蓮縣 台東縣	花蓮漁港、石梯漁港、長濱漁港、新港漁港、新港遊艇碼頭、金樽漁港、伽藍港、花蓮港務局、觀光局東管處、花蓮海洋公園、杉原海水浴場、南濱海堤台東海港、水璉社區、真柄社區、港天宮、天后宮
92年4月21日～92年4月23日	澎湖縣	北寮漁港、龍門港、第三漁港、吉貝漁港、赤嵌漁港、外垵漁港、赤馬漁港、岐頭漁港、七美漁港、望安漁港、澎湖國家風景區管理處、觀音亭、澎管處、湖西鄉青螺海堤、天后宮、采風文化學會、二嵌古厝、澎湖水產學校
92年4月28日～92年4月30日	綠島鄉 蘭嶼鄉	蘭嶼開元港、綠島南寮漁港、蘭恩文教基金會、青青草原、野銀部落、人權紀念園區、綠島技訓所、觀音洞、柚子湖、朝日溫泉、南寮村南寮社區、綠島機場海岸保護工
92年5月5日	台北市	中國海事專科學校、國立台灣大學、國科會、中研院
92年5月12日	基隆市	基隆海事水產職業學校、國立台灣海洋大學
92年5月21日～92年5月23日	台南縣市 高雄縣	國立台南海事水產學校、國立成功大學、高雄海洋技術學院、國立中山大學
92年6月24日～92年6月25日	高雄市	海軍技術學校、海軍官校、海洋測量局、達觀艦

調查意見

黃委員根據十八梯次實地履勘全國約三分之一的八十個港口並舉行座談所得各界意見，並參考《海洋與台灣》論文集四大冊，綜整提出文長二十餘萬字的調查報告，茲將調查意見簡要臚列如下：

一、長期以來，相關主管機關欠缺「山、河、海」三位一體概念，在國土規劃過程中，並未納入藍色國土——海洋，遑論有海洋事務專責機構，且迄今亦未有跨部會整合機制，致無法有效處理日趨複雜的海洋事務，核有未當。

二、國內策略性產業雖已推動多年，然而迄今海洋策略性產業領域仍屬空白，造成海洋資源開發績效不彰，嚴重影響海洋策略性產業的推展，容有怠失。

三、台灣大小漁港計有二三九處，平均每六公里即有一個港口，惟規劃設計未盡合理致漁港使用率偏低，行政院未能有效整合漁港、漁業及漁村資源以發揮漁港功能，確有違失。

四、我國缺乏專責的國家級海洋研究機構，海洋科學發展經費遠低於其他科技發展經費，相關主管機關對海洋科技投資顯有不足，核有未當。

五、行政院迄未統籌建立海洋資料庫及資源共享機制，致海洋環境保護政策無法落實，確有怠失。

六、行政院未能統籌相關單位合理編列國際漁業組織參與預算，致我國漁民權益受損，損及我國漁業大國地位，顯有不當。

七、相關主管機關允宜全面評估目前漁港績效擇優留存，督促各類漁港管理機關落實漁業法規定；獎勵國人從事漁業確實改善漁民生活，以解決漁業勞力不足與高齡化問題；落實水產養殖技師簽證制度；宣導「海宴精緻漁產品證明標章」。

八、行政院允宜加速協調「海洋資源管理法」完成立法；落實執行「限制撈捕數量」制度，嚴格取締非法漁具捕魚，維護海洋資源永續發展；藉由源頭管制措施，訂定「養殖環境用水標準」，維護水產安全增進漁民收益；推動海港「分道通航制度」，減少危險品運輸船事故對海洋的污染。

九、行政院宜協調立法院加速審議「海岸法」，整合海洋與海岸管理相關事務；亦須有效掌控綿延一千五百公里的海岸管理工作，行政院有必要責成相關單位加強與民間志工力量結合，落實海岸防護工作；採行適宜有效政策，確保我國在黃海、東海及釣魚臺傳統漁場權利；保障金馬住民生存基本權利及海上正常作業安全，應督促所屬儘速與大陸協商並加強金馬海域巡防與執法；對於南海主權權利，宜儘速與南海周邊國家協商，共同開發南海資源。

十、相關主管機關於砂質海岸工事進行前應詳實評估影響，因地制宜慎選適當工法，以免侵蝕擴及鄰近海岸；同時全面檢討現行海岸防護政策，尋求其他柔性替代工法減少使用傳統剛性工法；推動由山至海的砂源管理與環境影響評估機制。

十一、行政院允宜成立海洋保護區，推動以生態為基礎的漁業經營管理，俾維護海洋資源建立永續發展保育基礎；亦需督促所屬建立長期性水海資料完整架構，提升觀測系統整合性與執行力，俾利國家經濟發展與環境保育之需。

十二、相關主管機關應全面檢討現行法令，務實整合各級機關權責，俾奠定海洋觀光遊憩長遠發展的穩固基礎；針對海洋觀光遊憩與海域環境的衝突，應參酌海域活動自然條件限制，訂立完整管理規範，確保整體遊憩環境品質與安全；並應依據各區海岸遊憩系統及據點的發展特性，積極整合地方政府共識，發揮資源整合與開發利用的最大效益；針對各縣市競相推動的藍色公路造成觀光資源排擠與浪費，相關主管機關應檢討改進。

十三、相關主管機關允宜整合各部會資源投入漁村社區總體營造，以促進漁村的繁榮與發展；正視及改善現有漁村與漁港的風貌規劃與維護機制；加強海洋及漁業文化的重建工作；檢討改進海洋水下文化資產的勘查與保存。

十四、相關主管機關允宜檢討海事人才培育教育體系；正視並協助高職海事水產教育轉型；強化國中小學基礎海洋教育，培養國人親海習性，重建海洋文化；加強海洋生態保護教育及宣導，鼓勵民間成立關懷海洋組織；應於公職考試中增設海洋學門，並合理調整相關行政職務列等。

為實踐「海洋立國」而準備

邱文彥
國立中山大學海洋環境及工程學系副教授

根據聯合國許多文件指出，全世界有一半人口居住在海岸地區，海洋提供人類航運、貿易、漁業、保安、教育和研究等多樣性功能，也孕育了各地區特殊與豐富的海洋文化。數百年來，先民分批渡海來台，從「一府、二鹿、三艋舺」的歷程，胼手胝足，開展了台灣沿海無數人文薈萃的聚落，也圓了先民建立新興家園的夢想。近半世紀以來，國人的辛勤與智慧，更將台灣打造為全球第六大漁業大國，鮪魚和魷魚產量名列世界前矛，台灣也得以「漁捕實體」加入國際相關協定，獲得國際認同與肯定。

雖然海洋提供台灣世代子民無數的功能和利益，但國人對於海洋資源不夠重視，海洋保護的觀念仍然有待落實。例如，從河川到海洋，目前污染情形仍舊十分嚴重，漁港綿密興建、填海造地計畫不斷施行，加上毒魚、炸魚和過度漁撈，已經造成漁源缺乏，近海漁業萎縮。一些敏感地區如河口、珊瑚礁和其他重要濕地，在缺乏整體規劃及以保育為主軸之基本政策下，面臨極大威脅。海洋產業對於國家發展十分重要，但法令政策缺乏誘因，民間單打獨鬥，亟待政府輔導管理。而海洋管理相關權責分散，海洋人才培訓亦缺乏完整配套和體系，使台灣難以彰顯「海洋國家」之格局。

有鑑於此，監察院黃煌雄委員以極具前瞻之眼光，深入檢討我國海洋事務。黃委員認為台灣未來之發展應首重海洋，台灣走向國際、立足世界，也必須抱持「世界觀、歷史觀、海洋觀」，以全球視野開展國家事務；海洋必須視為「藍色國土」、「最大版圖」，必須積極保護、著重研發和永續利用。為促成國內之共識，黃委員爰於二〇〇二年九月間邀請國內產官學民各界一時之選的專家學者，於高雄市舉辦國內首度跨領域、大規模之「海洋與台灣」研討會。本人承委員之託，協助策劃該一重要研討會。籌備期間逾半年，本人深切感受黃委員對於國家強烈之責任感、對於社會各界需求之關懷、對於學術專業之敬重，以及對於會議籌辦細節之嚴謹態度，終使該一會議至為成功，普受海洋界之讚譽。該次會議所發表之「高雄海洋宣言」，內容周延、具體可行，堪稱台灣歷年來最重要之海洋永續發展之政策綱領。

除此之外，黃委員為落實上述宣言和會議建言，主動申請為監察院之調查案，並展開為期七個月之「海洋與台灣相關課題總體檢」訪查行程，走遍全台各地與澎湖離島之無數漁港，期間尚且歷經ＳＡＲＳ風暴，備極辛苦，但獲致第一手具體豐碩之成果。黃委員不但走訪海岸社區瞭解民生疾苦，部分貧困偏遠漁村首次親睹中央高官蒞臨，莫不稱幸，其親和作風和溝通整合能力有效拉近了民眾與政府之距離。訪查中黃委員一一與國內海洋主管機關和教育院校深入研酌，完成了五百多頁極為完整之調查報告，並對相關機關提出糾正，以督促其落實海洋保護、改進機制和永續利用之理念。黃委員「劍及履及」的作風、「實事求是」之嚴謹態度和對於海洋之正確認知與相關事務之嫻熟，令人至為感佩，其努力對於我國海洋建制和未來事務之推動，顯已釐清大政方針和具體方略，對於台灣朝向「海洋立國」勢必產生重大深遠之影響。

奔騰的海洋與台灣情懷

李國添
國立台灣海洋大學
副校長

民國九十一年九月，在台灣研究基金會創辦人黃煌雄監察委員之精心策劃下，海洋與台灣學術研討會在高雄舉行兩天，在黃監委全程參與下，每一主題均匯集了熱絡的產官學研人潮參與和研討，會後並將主講人及與談人對海洋與台灣之過去、現在與未來的發言內容編纂成《海洋文化與歷史》、《海洋產業發展》、《航運貿易新趨勢》及《海洋永續經營》等四本全方位探索海洋議題之專書；拜讀之餘，令人不盡感嘆海洋惠賜台灣的恩澤何其綿長深遠！台灣在菲律賓板塊與歐亞板塊之推擠下，從水深超過四〇〇〇公尺的西太平洋中冉冉昇起，造就了高山峻嶺與丘陵平原等多樣性地貌，其後海流不只帶來魚蝦，海水的蒸發與降雨，伴隨海風之吹拂，讓台灣的山脈、河川構成豐富的森林與河川生態系，而河川溪流又將營養鹽與各種微量元素沖入海洋，促進海中浮游生物及魚蝦之增殖，加上海流與多樣性海底地貌之支撐，造就了豐饒的海洋生態系，使蕞爾小島的台灣，其周邊水域的海洋生物種竟占全球十分之一以上！在人文上，南島民族也在海流之幫助下，移居到台灣並帶來台灣先民文化，閩粵居民則在烏魚的領航下，到台灣安土重遷，拓殖台灣的近代文明，而歷史的偶然，國民政府遷台，台灣海峽讓台灣與大陸足足隔絕了半世紀之久，讓台灣的人有機會割斷大陸文化的臍帶，接受海洋文化的衝擊與洗禮，在政治與經濟上開創出前所未有的格局！在海洋事務上，發展出全球數一數二的貨櫃海上運輸船隊，以及世界排名第二、第三的鮪漁業與魷漁業，加上綠色矽島之擘劃，更凸顯海洋是台灣持續繁榮興盛的利基。然而生活在這片土地上的政府與人民，除了掛在嘴巴「海洋立國」的口號以外，是否真的洞悉海洋對台灣的恩澤，而投注必要的心力與經費來研究、經營管理與保護海洋呢？從污染的海水、水泥化的海岸、海洋生物的濫捕、珊瑚礁的白化……，顯然答案是否定的，因此黃監委從民國九十一年九月十六日起，在監察院「海洋與台灣相關課題總體檢」調查案下，花了十八個月的時間，踏遍台、澎、金、馬、蘭嶼、綠島，紮紮實實地為「海洋與台灣相關課題」進行一次深入而廣泛的總體檢，並對行政院提出六點糾正，針對八大項目提出三十三點改進意見，小生忝為海洋學者，再三拜讀黃監委等總體檢的內容，對以黃監委為首的柏台大人能如鳥般的眼睛鳥瞰全局，以昆蟲般的眼睛鉅細靡遺，以魚般的眼睛注視台灣及國際海洋風潮之變化，全面檢視海洋與台灣的過去、現在與未來，除了由衷感受到黃監委血管中奔騰的

「海洋情懷」外，更希望全台人民能傾聽大海的呼喚！共同燃起親近海洋、投身海洋、開發海洋、與海洋共生之奮取心！

第三篇

一路走來：從立法院到監察院

壹、國防案

國防政策與國防預算

二十多年來，從立法委員到監察委員，黃煌雄委員關注最持續、用力最多、產生關聯也最深的就是國防事務。

民國七十一年三月十六日，第一次擔任立法委員的黃煌雄先生，質詢當時的國防部長宋長志有關「當前我國的國防政策到底應以攻抑或以守為

主」時，宋部長這樣答道：「當前我國的國防政策是精兵主義和攻守一體。在戰略指導方面，現階段是戰略守勢。」「就守勢戰略而言……首先要注重防空，能制海……只要做到制空和制海，敵人就不可能渡過台灣海峽……我們絕不希望把戰爭帶到台灣本島，這是我們的最高指導原則。」

這是政府遷台以後，歷任國防部長之中，第一位在國會殿堂對戰略守勢所作明確的宣示。這項國防政策的重大轉變，在民國七十二年五月十六日，蔣經國總統接受西德《明鏡週刊》的訪問，也做了相同公開的表示，正式確立成為我國的國防政策。

七十六年，蔣經國總統宣布解除戒嚴，但國防預算卻仍占四七％，和戒嚴時期幾乎沒有不同。面對此種「政治解嚴，預算尚未解嚴」的情形，第二度擔任立法委員的黃煌雄先生，在立法院「代表民進黨立法院黨團就七十七年度中央政府總預算案審查聲明」內，公開提出應改變中央政府總預算分配結構的新方向，並主張：國防預算占中央政府總預算的比重，應從七十七年度的四七％，以六年為期，每年降三個百分點，遞減至三〇％以內，而其所釋放出來的預算，應轉移到社會福利、教育文化以及環境保護。

這項引導預算分配結構的新方向，是立法院審查年度中央政府總預算的空前創舉，並衝擊到行政院的施政方針。十年之內，國防部已公開宣稱其預算只占中央政府總預算的三〇%左右；最近幾年，國防預算更只占中央政府總預算的二〇%左右，有時甚至只占一六%至一八%。

八十八年二月，當黃煌雄先生首度就任監察委員時，國防部有關編制與組織的調整工程，已從「十年兵力案」進入到「精實案」的階段。黃委員為延續對國防事務的關注，他在監察院第一個有關國防的自動調查案，便是針對政府遷台以後，國防部在軍事組織和兵力結構上最大的調整工程——「精實案」的檢討。

首次國防總體檢

國軍組織架構、戰略規劃、軍購及國防二法仍有不少

監院建議軍方加強與國際接軌

國防政策總體檢報告促檢討大陸

監院促落實精簡兵

擴大參與 勿由參謀本部主導

體檢國防政策 監院曾提報告

從「十年兵力案」到「精實案」

「精實案」全名為「國軍軍事組織及兵力調整規劃案」，前身為「國軍十年兵力目標調整規劃案」，簡稱為「十年兵力案」；「十年兵力案」最關鍵推動者為劉和謙總長，「精實案」最關鍵推動者為羅本立總長。這兩個案都牽涉到國軍的軍事組織和兵力結構調整，也都曾在軍事會談向總統提報過，兩案的目的都在精簡兵力，提升戰力，以達成國軍的現代化。

茲將「十年兵力案」與「精實案」略做比較：

區分	十年兵力案	精實案	備註
計畫時程	82年7月~92年6月	85年7月~90年6月	「十年兵力案」期間為十年 「精實案」期間為五年
階段劃分	第一階段： 82年7月~85年6月 第二階段： 85年7月~89年6月 第三階段： 89年7月~92年6月	第一階段：85年7月~ 87年6月　準備調適 第二階段：87年7月~ 88年6月　組織簡併 第三階段：88年7月~ 90年6月　完成定編	「精實案」比「十年兵力案」提早兩年完成

兵力目標	總員額四十萬	總員額四十萬	相同（附註）
兵力結構	陸軍二十萬 海空軍五萬八千人	陸軍二十萬 海空軍五萬六千人	1.「精實案」海空軍比「十年兵力案」少二千人 2.「精實案」將陸軍「師」級改為「聯兵旅」
高司組織調整	「中原專案」有甲、乙、丙、丁四個擬案	以「中原專案」中之丙案為基礎修改	
原額管制	完成第一階段精簡，總員額由四十九萬八千餘員降至四十五萬二千餘員	總員額降至四十萬	
將額配置	研擬中	將額配置五〇八員 精簡將額一九〇員	
精簡員額疏處	研擬中	須有疏處配額規定，降低精簡人員衝擊	

附註：爲正確了解國軍總兵力，對國防部所使用的幾個名詞應予釐清，這些包括：

總員額：係包括編制員額及維持員額。

編制員額：爲納入編制表內之編制人數。

維持員額：係在訓員生、新兵、傷患、囚犯等未納入編制表內員額，然爲維持國軍編制單位正常運作所需之最低需求人力。

預算員額：係各機關組織法所定之編制員額。國軍按年度施政需要，以接近發放薪餉現員計算人員費用所使用之員額。

現員：係指發放薪餉的實際人數。

編現比：爲現員數除以總員額數。

這兩個案都將國軍總員額從五十萬縮減為四十萬，而在高司組織上也都進行大幅的調整，因此，不論兵力結構或軍事組織，「十年兵力案」與「精實案」都代表國防部五十年來空前的變革；也正由於這種空前的變革，在推動過程上，不但遭遇過實質的阻力與困難，也幾乎進行過一場「大陸軍主義V.S海洋戰略」的辯論。但從劉總長到羅總長，以及其後負責執行落實的唐飛總長和湯曜明總長，都以堅定的意志與決心，一棒接一棒，如期完成半個世紀以來最大的國防組織調整工程。

從「十年兵力案」到「精實案」，經歷過四位參謀總長、四位國防部長，可以算得上一項國防盛事。劉總長開風氣之先，繼任

■左為黃煌雄委員，右為劉和謙參謀總長。

的羅總長、唐總長及湯總長，都一致表示：「二者是具有關連性與連續性」。羅總長說：「『精實案』就是接續『十年兵力目標』二、三階段的工作，『精實案』其中所規劃之兵力目標，即是延續『十年兵力目標』，高司組織及未來三軍兵力結構方向調整，亦與『十年兵力目標』案所規劃方向大致相同。」湯總長說：「我認為『十年兵力目標規劃』是開始，訂定精簡目標，『精實案』則完成詳細的執行計畫來落實，兩者是具有關連性與延續性。」

不過，當「精實案」進行調查之時，就國防部所提供的所有資料，以及國防部有關人員到立法院所做的各種報告，幾乎看不到任何人，對「十年兵力案」與「精實案」表

■左為唐飛部長，右為黃煌雄委員。

示「是有關連性與延續性」的任何談話或內容；聯參的有關人員，雖已將「精實案」當作一個「劇本」在執行，但對「十年兵力案」卻所知不多。因此，「精實案」在進行調查後，黃委員感到最欣慰，也最有意義的，便是促使國防部有關人員，對兩案進行客觀的評估；同時也促使國防部高級將領，包括歷任參謀總長，都要謙誠地表示兩案的延續性。湯總長對於這種延續性，曾這樣比喻：「譬如要蓋一棟大樓，要先評估在哪裡蓋，先選地點，地點選上來以後，找設計師來畫藍圖，藍圖畫好了，再找營造廠來蓋；蓋的時候，我當然希望用最好的材料，但必須考慮財力夠不夠……蓋好了，還要裝潢……劉總長的階段是選位置，羅總長的階段是畫藍

■左為黃煌雄委員，右為湯曜明部長。

圖，唐總長的階段開始破土動工，現在就是動工蓋的階段。」

湯總長這種比喻，大致是恰當的，不過更貼切地說，應該是劉總長的階段不僅主動選好地點，也畫了藍圖，架構式的藍圖；羅總長則是將原架構式藍圖填滿，予以精細化，以利按圖施工；唐總長是動土開工，湯總長不僅要按圖施工，也要負責監工。

從宏觀的觀點言，「十年兵力案」與「精實案」都是國軍現代化所必然要做的工作，國防政策改變了，國防預算調整了，但國防的編制與組織卻始終未變，這是國防部早該做而尚未做的事，所以國軍的現代化實比國家的現代化稍晚了一些。況且，兩案執行之後，國軍兵力總員額雖裁減為四十萬，編現比由原本不到七〇%的破軍，提升到八〇%以上；但由於「精實案」所裁減的絕大多數是編制上的缺額，而非實員；加上，「精實案」執行的結果，又未能發展出兵力結構與預算分配的邏輯程序，因此「精實案」只能說達成「組織減肥」，未能達成「組織再造」。

從參謀總長轉任國防部長的唐飛，在本案約詢時即表示：「『精實案』達成精簡的目的，沒有達到再造的功能。就拿國防部來講，國防部組織結構，四十年以前到現在一直未變……現在我寄望國防組織法把這個做好。」

由於預算的壓力，「組織再造」已經是國防部必走之路。黃委員在「國防部所屬預算分配結構的全面探討」自動調查乙案（八十八年二月成案），在調查意見上，即嚴正指出：

一、我國國民生產毛額（ＧＮＰ），七十年度為一兆六、三四一億，至八十九年度達十四兆七、一四四億，成長幅度達八〇〇・四四%；而國防預算於七十年度為一、二四二億，至八十九年度則為四、〇二九億，成長幅度為二二四%，遠較ＧＮＰ成長落後，以致其占ＧＮＰ比率，由七十年度的七・六%，逐年降低至八十九年度約二・七四%。另外，我國國防預算占中央政府總預算比率，由七十年度占四八・八六%，迄八十九年度降到一八・〇三%。（如表一）

二、我國國防預算的分配結構，係採取「人員維持」、「作業維持」、「軍事投資」的三區分方式。其中「人員維持」經費占國防預算比率，長期以來多維持在五〇%上下，八十九年度更高達五四・〇四%；「作業維持」經費則多在二〇%左右，隨著二代兵器先後服勤，未來「作業維持」經費所占比率將相對提高；至於「軍事投資」經費占國防預算比率，則自七十年度的三六・二七%，逐年遞減至八十九年度的二三・七四%。（如圖一）現代戰爭決勝關鍵已非決定於兵員的多少，而係決定於武器裝備的精良，以及人員操作的熟練，國防部有鑒於此，雖先後推動「十年兵力案」、「精實案」，惟精簡效果不彰；且國防部為貫徹精兵主義，又辦理「軍、士官指職甄選」，擴大招募民間專業人才，其待遇又較高，加上歷年來調整軍公教人員待遇的影響，遂導致「人員維持」經費居高不下狀態。因此，我國國防預算分配結構勢將改弦調整，將「人員維持」經費逐年下降，以挹注「作業維持」和「軍事投資」經費，方為正辦。

在這種背景下，繼「精實案」的「組織減肥」之後，國防部未來要走的，便是「組織再造」。「國防二法」（包括「國防法」及修正「國防部組織法」）的立法通過、施行準備、以及落實執行，不僅代表我國國防走上現代化的新里程，也是國防部推動「組織再造」的新里程。

圖一 我國國防預算結構比重的趨勢折線圖（70～89年度）

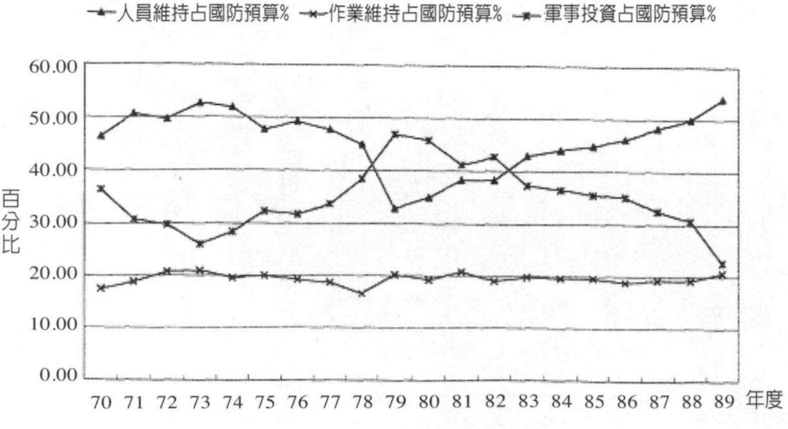

表一　我國國防預算結構配置及其占中央政府總預算與GNP情形（70～89年度）

年度	合計數	國防預算						中央政府總預算	國防預算占中央政府總預算百分比	GNP	國防預算占GNP百分比
		人員維持		作業維持		軍事投資					
		金額	占合計數百分比	金額	占合計數百分比	金額	占合計數百分比				
70	1,241.99	574.43	46.25	217.07	17.48	450.49	36.27	2,542.00	48.86	16,341.20	7.60
71	1,513.00	763.59	50.47	286.29	18.92	463.12	30.61	3,181.00	47.56	18,384.29	8.23
72	1,733.03	858.22	49.52	361.54	20.86	513.27	29.62	3,383.00	51.23	19,868.85	8.72
73	1,635.87	863.16	52.76	345.56	21.12	427.15	26.11	3,232.00	50.61	22,449.53	7.29
74	1,804.27	935.90	51.87	355.92	19.73	512.45	28.40	3,592.00	50.23	24,495.39	7.37
75	2,038.01	969.45	47.57	410.06	20.12	658.50	32.31	4,125.00	49.41	26,804.83	7.60
76	2,128.79	1,046.21	49.15	409.80	19.23	672.78	31.60	4,320.57	49.27	31,348.28	6.79
77	2,214.81	1,057.49	47.75	414.93	18.73	742.39	33.52	4,676.14	47.36	34,426.90	6.43
78	2,553.16	1,148.31	44.98	425.99	16.68	978.86	38.34	5,615.70	45.46	38,018.19	6.72
79	2,319.36	760.27	32.78	471.11	20.31	1,087.98	46.91	6,804.44	34.09	42,273.04	5.49
80	2,509.71	875.84	34.90	485.25	19.34	1,148.62	45.77	8,271.90	30.34	46,359.11	5.41
81	2,623.16	1,002.80	38.23	544.35	20.75	1,076.01	41.02	9,812.19	26.73	51,933.47	5.05
82	2,710.91	1,036.06	38.22	518.99	19.14	1,155.86	42.64	10,707.18	25.32	57,076.94	4.75
83	2,584.84	1,109.00	42.90	515.39	19.94	960.45	39.16	10,647.77	24.28	62,045.48	4.17
84	2,522.58	1,107.47	43.90	496.74	19.69	918.37	36.41	10,292.18	24.51	67,018.84	3.76
85	2,583.37	1,155.68	44.74	509.73	19.73	917.96	35.53	11,348.29	22.76	72,463.30	3.57
86	2,688.22	1,236.98	46.01	507.32	18.87	943.92	35.11	11,942.61	22.51	78.381.08	3.43
87	2,747.83	1,325.53	48.24	532.18	19.37	890.12	32.39	12,252.65	22.43	85,520.37	3.21
88	2,844.92	1,422.95	50.02	550.30	19.34	871.68	30.64	12,534.40	22.70	92,848.88	3.06
89	4,029.03	2,177.18	54.04	835.94	20.75	916.21	22.74	22,347.00	18.03	147.144.00	2.74

「國防二法」的新里程

國防二法於八十九年一月十五日經立法院三讀通過，總統於同年同月二十九日公布，本來預定三年內完成調整準備，後來提早一年，於九十一年三月一日，由總統主持編成典禮，宣布國防二法正式施行。黃委員有關「國防二法執行績效總體檢」的自動調查案（九十二年二月十一日成案，九十三年四月二十二日審議通過），便是在國防二法施行一年之後開始，而提出報告之時，則是國防二法已施行二週年之際。從蔣仲苓版到唐飛版到立法院版的國防二法，共同確立了兩大原則：（詳見圖二至圖四）

一、**「軍政軍令一元化」及「文人領軍」**。

二、**參謀本部為部長之軍令幕僚及三軍聯合作戰指揮機構**。

這兩大原則，將國防事務的決策權，由參謀本部轉移到國防部本部，這是五十多年來國防決策權的最重大改變，不但掃除了軍人干政的疑慮，並且增強了朝野對軍隊國家化的信心。

黃委員在「國防政策總體檢」的自動調查案（八十九年六月九日成案，九十年七月審議通過），指出我國國防政策的演變，曾經歷三個階段：

圖二　蔣版國防組織體系圖

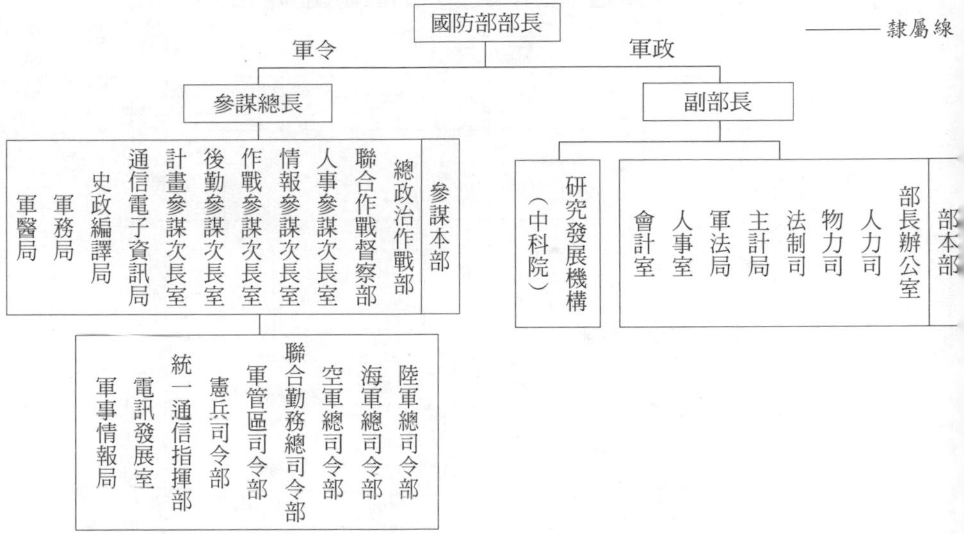

圖三　唐版國防組織體系圖

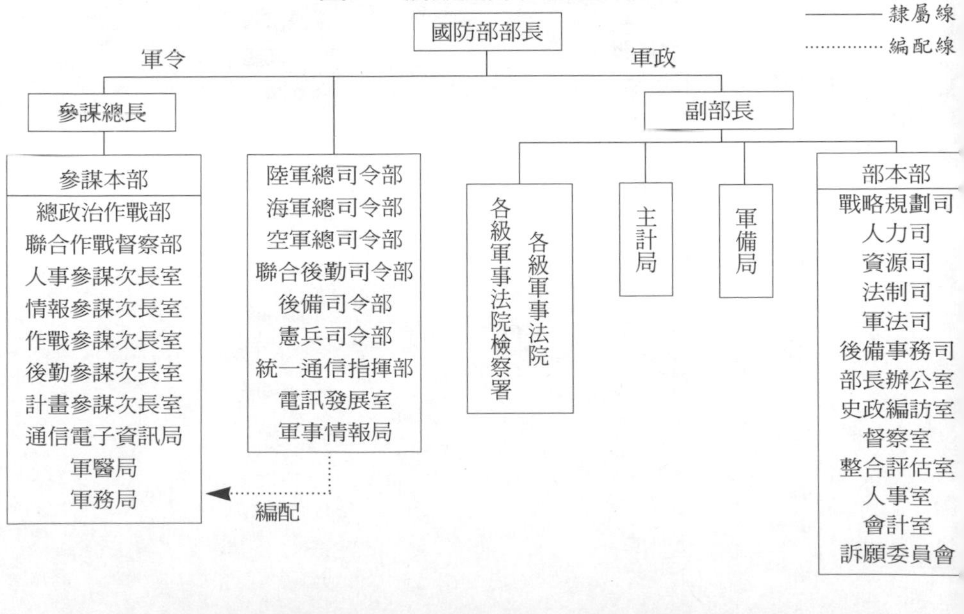

圖四　立法院通過的國防二法的國防組織體系圖

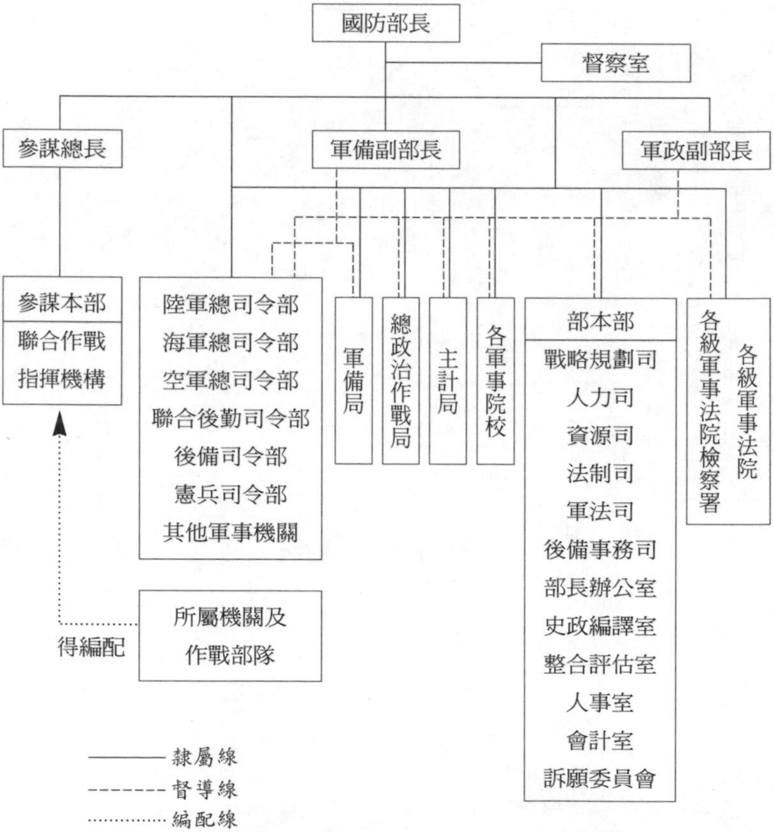

一、創機反攻。

二、攻守一體。

三、守勢防衛。

而守勢防衛又經歷兩個階段：

一、防衛固守，有效嚇阻。

二、有效嚇阻，防衛固守。

目前即為「有效嚇阻，防衛固守」的階段。

而在國防政策形成的機制上，大致經歷：

一、個人決策階段。

二、機制化階段。

從蔣經國總統開始，歷經李登輝總統階段，有關國防決策的形成，一個基本的走向，便是由蔣中正總統時代的「個人化」，逐步走向「機制化」，且經由以下方式進行：

■小軍談

在國防二法施行以前，參謀總長每週必須面見總統，報告有關國防事項，並請示未來工作。此一參謀總長每週面見總統的機制，即俗稱的小軍談。由於參謀總長為總統軍令之幕僚長，不受國防部長指揮，面見總統時，國防部長又未能與會，當蔣經國總統晚年身體欠妥，而郝柏村總長又獨攬軍事大權，乃引起國內軍人干政之重大疑慮——這種不安即導源於當時軍政軍令二元化及小軍談機制所造成的。

■軍事會談

這是由總統召集行政院長、國防部長、參謀總長、各軍種總司令、副總長等相關主管參加的會議，形式上，這是國防決策的最高會議，每個月、或每兩週，開會一次，俗稱大軍談。不過，由於軍事會談向總統提報的重大案件，都要經過參謀本部過濾，蔣仲苓部長在「國防政策總體檢」案約訪時表示：「就民國七十年迄今之國防決策言，在機制上，均係透過參謀組織進行政策研究，在過程上都是完成政策草案後，於軍事會談中向總統提報裁決定案。」因此，「參謀本部」及其最高長官「參謀總長」，便成為此一階段實質上最重要的「決策單位」及「決策者」。

■作戰會報

■參謀會報

這兩個會報都是參謀本部行之有年的會議，也是作為實質「決策單位」的「參謀本部」所建立的決策機制與決策流程。

這種由「參謀總長」和「參謀本部」總攬國防決策權的傳統和機制，隨著國防二法的施行，有了根本的改變。為了因應決策權的轉移，部本部和參謀本部在組織架構和業務權責諸方面，都有著重大調整；特別是在強化部本部的幕僚能力上，唐飛版的國防二法，更成立戰規司、整評室等單位；不過，黃委員在其「國防二法執行績效總體檢」的調查意見裡，經由實際的體驗，卻明確指出這些單位或因研究人員不足，或因業務工作太龐雜，以致尚未能有效發揮協助文人部長決策功能的預期目標。

劉和謙總長於黃委員調查「精實案」受訪時表示：「台灣一旦發生戰爭，不論大戰小戰，不論本島外島，必然是三軍聯合作戰之型態，不可能只是單一軍種之戰爭。但在當時（六十四年八月至六十七年三月擔任參謀本部計畫次長）之作戰計畫中……竟然由陸軍總司令指揮作戰，參謀總部卻擔任支援與督戰之任務。此項設計有欠妥當……三軍聯合作戰指揮亦不可能因戰爭來臨才編組應急，平時就應該有戰時之準備。而此一三軍聯戰之編組與權責單位，只能設在國防部，不可能在陸總部。是故參謀總長之職責，平時負責建軍備戰，戰時負責指揮作戰（三軍聯合作戰）。」唐飛院長在接受黃委員「國防二法執行績效總體檢」調查案的訪談時，也表示：「……參謀本部的心態是歷史傳下來的，將參謀本部轉變成聯合作戰指揮機制並不困難，變動只是陸軍人員減少，增加

C4ISR的指、管、通、情人力而已。……不要大改的話（如成立國防軍），就是把參謀本部改組成一個聯合作戰指揮機制，將任務單純化……。」

由於有這些國軍高級將領的前瞻和推動，加上科技的進步，武器的發展，以及從第一次沙漠風暴以來，歷經科索沃戰爭到阿富汗戰爭的教訓與啟示，均顯示軍種聯合作戰幾乎已成為戰爭勝敗的主要關鍵。「國防二法」吸收了這樣一個潮流，明白規定「參謀本部為……三軍聯合作戰指揮機構」，首度確立國軍聯合作戰指揮機制。這也是「國防二法」提升我國國防現代化的另一個重要指標。

國軍聯合作戰指揮機制最主要的改變，便是將過去授權由各軍種依作戰屬性分別指揮，參謀本部僅行使監督、協調之「軍種」導向指揮體系，轉換為

「參謀本部」統一指揮。這也是五十年來在指揮鏈上最重大的一次改變。國防部所建構之聯合作戰指揮機制，係將國軍聯合作戰指揮體系區分為負責戰略決策與指揮之「聯合作戰指揮中心」及負責戰略執行之「十大戰略執行單位」；另外，作戰支援體系則區分為「政務協調中心」及「戰爭資源協調中心」兩個層級；其目的即在經由這兩大體系的運作，縮短平戰轉換落差，達成「用兵指揮單純化」、「指揮層級扁平化」、「戰爭持續力支援快速化」之聯合作戰效能。

從將領訪談到戰區訪查

為了對國軍聯合作戰指揮機制兩年多來的運作進行總體檢，黃委員於九十三年六月自動申請「國軍聯合作戰指揮機制執行績效總體檢」調查案，並以一種不同於以往有關國防案的調查方式完成此一調查工作。

自擔任立委以來，二十多年來，黃委員幾乎與國防已結下不解之緣。國防政策從攻勢轉為守勢，國防預算應回應解嚴以後的政治需求，軍隊國家化及軍政軍令一元化的推動，黃委員都在關鍵時刻作了有意義的努力。在推動的過程上，黃委員雖然也引起軍方的不滿、甚至打壓，但黃委員的問政品質與問政風格，卻使軍方不能不表示尊重。這種累積的問政品質與問政風格，想不到竟成為黃委員的一項資產，而有助於他在監察院有關國防事務的調查工作。

在以前，國防一直被視為「黑盒子」，隨著解嚴以及政治民主化的逐步發展，國防機密雖也逐步鬆綁，但當黃委員在監察院進行如「精實案」、「國防政策總體檢案」之調查時，資料著實非常有限，黃委員乃試行一項破冰的工作，便是和卸任的歷任參謀總長和國防部長進行訪談（現任的總長和部長可進行約詢）。這代表一項嘗試，剛開始接觸時，黃委員都親自謙誠互動，也許由於調查案件本身所具有

深入調查建軍政策 監委約談四總長三部長

黃煌雄、呂溪木主導 對國軍精實方案進行全盤了解 軍方頗為關注

國軍往哪裡去？

焦點人物

擔任立委期間 問政即側重軍事 涉獵深廣

緊抓國防議題 黃煌雄「本性難移」

的意義，也許由於黃委員所累積的形象，這項嘗試的工作進行得非常順利。在「精實案」裡，黃委員訪談（或約詢）劉和謙、羅本立、湯曜明三位參謀總長，和陳履安、孫震、蔣仲苓、唐飛四位國防部長；在「國防政策總體檢」案裡，黃委員所訪談（或約詢）的參謀總長和國防部長，高達十位（目前尚健在的參謀總長和國防部長共十二位），除了前述七位之外，還包括宋長志、伍世文兩位部長，以及陳燊齡總長，這項訪談(或約詢）層級之高、人數之多，不但是「空前」，也可能是「絕後」（因為像宋長志部長已逝世了）；這些訪談（或約詢）至少有兩個小時，也有長達四到六個小時（同一人訪談兩次），由於互動的真誠與坦率（訪談記錄都分別送請他們修改後簽名），不但使黃委員充分感受到國軍高級將領的氣質和稟賦，也使本來充滿著挑戰的調查報告得以紮實地完成。

到了「國防二法執行績效總體檢」案，黃委員除了訪談（或約詢）草擬法案、準備施行、執行落實三個階段不同的國防部長與參謀總長外，也舉辦了三場諮詢會議，邀請資深退休將領、學者專家及草擬法案階段的幕僚人員參與；另外，也親自到新成立的戰規司、整評室以及軍備局等單位進行實地了解。「國軍聯合作戰指揮機制執行績效總體檢」案，除了延續訪談（或約詢）有關的國防部長和參謀總長（包括卸任和現任）外，進一步地，更到各軍總部、十大戰略執行單位及作戰部隊進行實地訪查，並分別與他們舉行座談，聽取國軍各級幹部對國軍聯合作戰指揮機制運作以來的心聲與看法。這項與各作戰部隊、各戰區、各軍總部層層而上的座談與互動，是黃委員在監察院調查國防類案件的「新經驗」；國防部在基本態度上相當開放，並快速地完成規劃與安排，使黃委員這項「新經驗」得以順暢地進行。黃委員曾有感而發地表示：二十多年來，他對國防事務的關懷與用力，國防部在回應的態度上，確實有天壤之別——這種天壤之別，代表著我們的軍隊已走向國家化，我們的國防已走向現代化，我們的國家更是走在民主化的大道上。

貳、黨產案

「解構黨產的推手」

回顧七十九年時，黃煌雄委員擔任民主進步黨民主大憲章召集人，訴求總統直選共識，不久即成日後國是會議的重要共識，八十五年總統正式由全民直選產生，六年內總統直選理念即獲得實現，黃委員當即認為黨產回歸國家與人民的日子不遠。

自總統直選制度確立以來，台灣民主化僅剩兩個有待克服的重大障礙，即如何打破媒體壟斷與如何解決國民黨黨產。從八〇年代末期起，揭開國民黨黨產內幕的氛圍即已逐漸瀰漫，九〇年代以後，追討國民黨黨產的聲浪沸沸揚揚，從輿論界到學術界，從立法院到國民大會，從社會運動到司法正義，追討國民黨黨產已成莫之能禦的沛然之勢，使得坐擁龐大黨產的國民黨陷於倫理道德上的心虛與被動，構成台灣民主運動重要的一環。

其後，黃委員於八十二年六月領銜並獲五十二位立委連署支持，提出國內第一部「政黨財產管理條例草案」，即鑑於國民黨在台灣的長期黨國不分、因統治而擁有龐大黨產與黨營事業，嚴重影響台灣政治與經濟的進步與發展，因而邀請專家學者歷經長期討論完成此一政黨財產的陽光法案。

整體而言，草案第一章明定黨產及黨營事業涵義，黨產及黨營事業均應接受直屬行政院的政黨財產監督委員會的嚴格監督；第二章規定各政黨目前所擁有的財產及黨營事業均應限期交由信託機構託管，並定期向政黨財產監督委員會申報財產總額、變動及黨營事業監督情形；第三章規定政黨基於宣揚政治理念需要，僅能持有維持黨務活動所必需的不動產與設備，及經營報紙雜誌；第四章訂定罰則俾利執行。

八十四年，由黃委員主持，獲得朱敬一與張清溪等十位教授的協助，並在十位研究生合作與接力工作下，進行有關國民黨黨產的田野調查，密集調查歷時半年，後續整理歷時半年，更新資料亦歷時半年，總共以將近一年半左右的時間，完成台灣首度有關國民黨黨產的田野調查，並首次有系統地掀開國民黨黨產的神秘面紗。

台灣研究基金會的這項田野調查，儘管只限於台北縣市，惟國民黨黨產係以台北縣市所占比重最大，調查資料公布以後，對於當時政治生態衝擊甚大，歷次重大選舉，有關對國民黨黨產的質疑，大多引用這份田野報告的內容。

八十五年，黃委員進而推動學界、政界與社運界人士共同組成全民追討黨產聯盟，結合社會各界力量提出要求清理國民黨黨產還財於民的訴求，將追討黨產的行動由理論轉化為實際的群眾運動。

由於黃委員在黨產問題上的諸多努力與貢獻，因而獲得張清溪教授等學界人士形容為「解構黨產的推手」。

「國民黨黨產案」

儘管如此，有關國民黨黨產最完整的調查，則是在黃委員擔任監察委員之後，八十九年一月十三日，正輪值值日委員的黃委員接見陳情的陳師孟、張清溪、黃世鑫及王塗發等教授，隔日，黃委員偕同張富美、趙昌平及林秋山等委員申請自動調查。整個調查案全名為：「為行政院及各級政府機關將其所管有之公有財產贈與、轉帳撥用或撥歸於社團法人中國國民黨所有或經營，是否涉有違失乙案」，簡稱為「國民黨黨產案」。

調查期間波折不斷，原調查委員張富美委員於該年五月二十日出任行政院僑務委員會委員長，經黃委員徵得江鵬堅委員同意參加本案，旋因江委員健康緣故，懇辭本案調查工作，黃委員爰再徵得張德銘委員同意共同調查。

其時，江委員病篤請辭之際，對此案仍甚為牽掛，於給黃委員的書函中提及：「……長久以來，弟亦認為國民黨黨產係台灣民主化之最後一道障礙，對於政黨政治之三大原則：『政黨平等』、『財務公開』及『黨內民主』均係嚴重違背，如不排除，政黨政治有若緣木求魚，……惟為落實民主基礎，黃兄鍥而不捨，實堪欽佩，亦弟樂意追隨之最大動力……」

本案的調查，始於八十九年一月三十一日、九月二十八日及十一月七日分別函請台北市政府等二十七個省市及縣市政府提供各級政府贈與、轉帳撥用或撥歸中國國民黨所有或經營的財產資料，這是首度透過政府體制，經由公權力，直接要求全國各縣市政府提供國民黨黨產來龍去脈所進行的最為翔實完整的調查。過程中監察院多次函請或電洽直轄市及縣市政府補充說明到院，各縣市也不分黨派，積極且負責地提供國民黨相關財產資料，尤以台北市及台北縣兩縣市所提供的資料最為迅速完整。由於資料的豐富與複雜，本案歸檔者竟有一百五十六宗，每宗如以三公分計算，其長度高達四百六十八公分，為三個身高一百五十六公分者的總高度，而為監察院檔案室有史以來歸檔卷宗最多的一個調查案。

八十九年九月四日又函請行政院及財政部國有財產局提供相關檔案資料，及說明政府機關將接收日產轉帳撥用給中國國民黨的情形，鑑於所調閱資料多屬日據時期或光復初期的檔案資料，黃委員乃於同年十月三日親赴財政部國有財產局坐落於台北市士林文林北路舊美國學校檔案倉庫，瞭解前台灣省公產管理處及台灣土地銀行公產代管部接收日產等相關檔案保存情形，在第一線相關業務人員的努力協助下，終於從灰塵中將這批即將到期銷毀的第一手檔案資料搜尋出來。這是本調查案的重大突破，這項突破也使本調查報告的公信力更具有不可挑戰性。

從各個地方地政事務所收集黨產資料加以分析解讀的這段過程，對黃委員而言，一如當初投身民主運動一般，是條孤寂的道路，然而，這種見證歷史的心情，完成台灣民主化的使命，卻使黃委員甘之如飴。

此外，八十九年八月十七日，為澄清本案相關疑義及法律問題，黃委員約詢前行政院魏啟林秘書長、前財政部許嘉棟部長暨所屬國有財產局李瑞倉局長及賦稅署游能淵副署長、內政部張博雅部長暨所屬李逸洋次長、前民政司林慈玲司長及社會司曾中明副司長等相關業務主管人員。

另於同年九月二十一日，黃委員再次約詢行政院主計處林全主計長、劉三錡副主計長、司法院民事廳楊隆順廳長、行政院法規委員會張自強主任委員、法務部法律事務司陳美玲司長、國有財產局李瑞倉局長、內政部地政司張元旭司長及桃園縣政府相關業務主管人員。

八十九年八月十日，黃委員邀請黃宗樂教授、張清溪教授、黃世鑫教授、許志雄教授、黃昭元教授與顧立雄律師等專家學者召開第一次諮詢會議，同年九月十五日，再次邀請蘇永欽教授、謝瑞智教授、陳愛娥教授、曾巨威教授與王泰升教授等專家學者召開第二次諮詢會議。

八十九年九月十四日，函請中國國民黨中央委員會派員到院說明，經該會指派該會財務處馬永駿副主任、鄭國珍秘書與會說明。

黃委員根據調查結果，綜整提出調查意見如下：

本案經函請台北市政府等二十七個省（市）及縣（市）政府查明所轄範圍內中國國民黨各級黨部及附屬單位所有之土地及建築物產權之來源，並向財政部國有財產局調閱相關中國國民黨接收日產案卷，經整理發現該黨台灣省黨部申請將國有特種房屋及其基地轉帳登記為該黨所有，以及前台灣省行政長官公署將原屬日產之十九家戲院撥歸該黨經營，又各縣（市）政府及鄉（鎮、市）公所將其管有之公有土地及建築物贈與該黨等問題，涉有違失。茲列述如下：

一、行政機關於訓政時期將中國國民黨以政府名義接收之國有特種房屋，以轉帳撥用等帳面處理方式移轉予該黨，以及於行憲後將該等房屋所屬基地併列轉帳予該黨，與當時法令規定有悖之嫌，行政院應本維護國家財產權益立場，確實清查該等房屋及基地現況，依法處理。

關於中國國民黨台灣省黨部申請轉帳國有特種房屋（日產房屋）八十八處部分：

查中國國民黨台灣省黨部申請轉帳國有特種房屋（日產房屋）八十八處一案，係經中國國民黨中央黨部彙列三十五年度所屬各單位接收敵偽物資追加預算，提奉前國防最高委員會第二二七次常務會議核定（註：按中華民國訓政時期約法第三十條規定：「訓政時期，由中國國民黨全國代表大會代表國民大會行使中央統治權。中國國民黨全國代表大會閉會時，其職權由中國國民黨中央執行委員會行使之。」依中國國民黨中央執行委員會之決議，於民國二十八年設置國防最高委員會），並奉行政院三十六會三字第二九三二五號代電飭知有案。

嗣台灣省公產管理處以肆拾未巹管二字第九五四一號代電各縣市政府及陽明山管理局：「……二、關於省黨部奉准轉帳房屋八十八處案內，原屬公產部分業經本處會同省改造委員會派員分赴有關縣市協商交換在案，應請就近逕洽縣市改造委員會從速填具申請轉帳清冊（交換部分應予查明），務於本年八月底以前送處，俾便彙案報請省府核定辦理。……」

旋經台灣省公產管理處於四十一年四月十一日以肆壹卯真管二字第三九八三號代電台灣省政府略以：「……二、黨部轉帳房屋前因接收伊始，權屬未明，致冊列建物標示不清，又誤將一部分公產房屋（省縣市有財產）列入轉帳，頗滋糾紛。經本處協同省黨部商定清理要點，並呈奉鈞府肆拾巳銑府綸丙字第五九三二〇號代電核定原則照辦。嗣經本處會同省黨部派員前赴各縣市實地清查整理其原屬公產部分，另以日產房屋交換，復經本處肆拾未寒管二字第九三八九號簽呈核備在案。三、茲准各縣市政府先後轉送黨部轉帳房屋清冊到處，總計壹百壹拾肆棟，經已彙列清冊擬請　鈞府先予核定，再行一面呈報行政院核備，一面電知各縣市政府准由黨部分別辦理建物移轉登記取得所有權狀。……」

案經台灣省政府以肆壹卯儉府綸丙字第三三一一九號代電復台灣省公產管理處並副知中國國民黨台灣省黨部略謂：「……二、該處彙報各縣市列送中國國民黨台灣省黨部轉帳日產房屋一一四棟，應先呈報行政院俟奉核定後，再行電知各縣市政府准由黨部分別辦理建物移轉登記核發所有權狀。……」並經該府以肆壹辰寒府管二字第五四〇〇號代電報行政院稱，茲據公產管理處案呈各縣市政府先後轉送黨部轉帳房屋清冊，總計轉帳房屋壹百壹拾肆棟彙列清冊請核定等情到府，經核尚無不合，理合檢同省黨部轉帳撥用國有特種房屋清冊一份，電呈　鈞院核備示遵。嗣奉行政院台四十一午敬一（內）字第四〇七六號代電「准予備查」在案。

台灣省政府以肆壹未有府管二字第〇八二一四號令台灣土地銀行公產代管部略以：

「本案黨部轉帳房屋壹百壹拾肆棟既經奉准，應予分別交接清楚，以資結案，……前項奉准轉帳房屋（不包括基地）其權屬應為黨有，並應由黨部……依土地登記規則第二十三條規定逕洽所在地縣市政府地政機關申請辦理移轉登記取得所有權狀。」

關於中國國民黨台灣省黨部申請併列轉帳國有特種房屋所屬基地部分：

查中國國民黨台灣省黨部奉准轉帳國有特種房屋所屬基地，請予援案併列轉帳續撥管有一案，經台灣省政府四三府財四字第四一八四〇號呈行政院略以：「……二、茲准中國國民黨台灣省黨部(42)台財字第一二〇七號代電：『查本會轉帳撥用國有特種房屋，准貴府(42)未有府管二字第〇八二一四號函送房屋清冊，並囑分別向所在地縣市政府辦理交接登記，此項手續僅限於房屋建物部分，又查轉帳黨產，即房屋建物及基地，仍係本黨中央彙列三十五年度所屬各單位接收敵偽物資追加預算，提奉國防最高委員會二二七次常務會議核定有案，其建物部分因已轉帳撥用，而基地部分迄尚未准繼續辦理，茲本會台灣電影公司所屬台灣等七戲院，原向日人租用之土地既已奉准辦理分割接管，同例本會黨產房屋基地應同時繼續辦理，以清手續，而維權益等由。』本案奉准轉帳撥用房屋所屬國有特種基地，可否准予援案併列轉帳續撥管有，本府未敢擅專。三、謹呈請察核示遵。……」

案經行政院四十三年六月五日四十三（內）三五一七號令：「本案經交據內政部會商財政部等有關機關議復稱：『查中國國民黨台灣省黨部撥用之國有特種房屋壹百壹拾肆棟及基地，業經國防最高委員會核准一併轉帳有案，其房屋部分經辦轉帳完竣，現請將其基地部分繼續辦理移轉手續一節，似可准予照辦』應依議辦理。」

前嗣據台灣省政府肆參府財忠四字第五二九號令示：本案台灣省黨部奉准轉帳撥用之國有特種房屋壹百壹拾肆棟使用基地（日產），既經奉准併列轉帳，應由該部（台灣土地銀行公產代管部）、府會同省黨部分別清查，就實際使用面積辦理分割，並列冊移交省黨部接管報核。前項奉准併列轉帳國有特種基地，其權屬應為黨有，並應由省黨部參照本府肆壹辰馬管四字第〇五六一七號代電，依土地登記規則第二十三條規定，逕洽所在地地政機關申請辦理移轉登記，取得土地所有權狀。

嗣經台灣省政府於四十五年三月十三日以（肆伍）府忠財四字第六三〇號令飭土地銀行公產代管部略謂：「一、准中國國民黨台灣省黨部四十五年一月七日（四五）台財字第二五二三號代電，為奉准轉帳撥用國有特種房屋所屬基地，併列轉帳一案，自四十三年七月奉准迄今，一年有餘，尚未辦理移接手續，茲以都市平均地權實施在即，請轉電土地銀行公產代管部及所屬辦事處儘速列冊移交，以資結案。……二、……前項奉准併列轉帳國有特種基地，該部仍應剋速列冊移交省黨部接管，以資結案。」旋台灣省政府財政廳復以留四十六年八月八日財產字第五九六〇九號代電該土地銀行公產代管部對於台灣省黨部轉帳撥用國有特種基地儘速辦理移接。

查上述中國國民黨台灣省黨部奉准轉帳撥用之一一四棟國有特種房屋既係依據訓政時期前國防最高委員會常務會議決議，並經行政院代電核定辦理，在訓政時期，或屬有據；然在訓政時期，由於黨國一體，中國國民黨雖因具有國家機關地位，而得代表國家管理上述國有特種房屋，但該等一一四棟房屋之所有權仍為國家所有，僅係由中國國民黨以國家機關地位管理，於行憲之後，中國國民黨不再具有國家機關地位，自也失去其管理權限；至於一一四棟國有特種房屋所屬基地併列轉帳部分，係遲至實施憲政後之民國四十三年始經行政院四十三（內）三五一七號令准辦理轉帳，以是時中國國民黨在性質上已屬私法人團體，並非政府機關，卻以轉帳撥用之方式取得上述公有房屋所屬基地所有權，顯與當時土地法（民國十九年六月三十日國民政府制定公布，二十五年三月一日施行）第二十六條：「各級政府機關需用公有土地時，應商同該管直轄市或縣（市）政府層請行政院核准撥用」規定有悖，行政院應本維護國家財產權益立場，確實清查該等房屋及基地現況，依法處理。

二、行政院及相關政府機關對於台灣省行政長官公署撥歸中國國民黨經營之十九家戲院，未能釐清該黨僅有經營權而無所有權，致該等戲院現已移轉予他人或仍登記該黨所有，行政院應本維護國家財產及人民權益之職責，確實徹底清理，依法處理。

關於台灣省行政長官公署將十九家戲院撥歸中國國民黨經營之始末，依調查所得資料摘述如下：

查中國國民黨於三十四年第六次全國代表大會第十六次會議通過，將電影事業列為黨營事業範圍。案經中國國民黨中央執行委員會財務委員會三十五年十一月二十日京務字第四一一號函行政院略以：「案據台灣省執行委員會主任委員李翼中電稱：『本省黨費所需甚鉅，經一再向陳長官洽商，現已允將本省接收日人公私產業項下所有電影戲院撥歸本會經營，惟事關日產移轉，須經行政院核准，日內將由長官公署電院請示，本案倘能實現，台灣全省黨費已可自給，乞函行政院准予照撥，萬一格於法令，價售亦可，惟應照日人底價略為提高，此項價款請中央革命戰債轉帳，必要時地方可籌一部分湊還，謹先電呈察核，務祈力賜洽辦並希復示等情到會。』查所請將所有該省接收日人公私產業項下之電影戲院准由該會優先價購，由財政部與本會依貴院核定價格作為中央抗戰損失賠款轉帳，俾該省黨部經費得以自給，不再仰給政府之補助一節，尚無不合相應函請貴院查照，令飭該省長官公署遵照辦理，仍希見覆為荷。」

嗣台灣省行政長官公署日產處理委員會宣傳委員會於三十六年一月二十二日以雨子養宣字第〇六六〇六號代電致中國國民黨台灣省黨部：「奉長官通知所有宣傳委員會接收管理之電影院，除台北國際戲院仍予保留外，其餘應移交貴部接收管理等因，經電准貴部派員來會洽談在案。茲將應行移交各電影院計宣傳委員會接管者十四家，高雄市政府接管者二家，應請分別接管；尚未接管者之共樂戲院、南方常設館、新光戲院三家，並請接收列送會，又美都麗戲院產權尚未確定，應俟確定後，另行奉告，相應彙列一表連同已經接管之原始清冊十四份隨電送達，即希查照辦理見覆為荷。……附移交日產電影院一覽表一份清冊十四份。」

復經台灣省行政長官公署宣傳委員會以三十六年雨子謙宣字第八九三五號代電致台灣省接收委員會日產處理委員會：「查本省各日產電影院奉令撥歸黨營一案，前經本會開列清冊並檢具各院財產目錄會同貴會電送省黨部去後，茲准省黨部雨子有黨事字第〇四一四號代電定於本月二十七日上午十時先行接收台北市各影院，其餘各縣市影院仍請分別轉飭遵照準備移交等由，除由本會派員會同點交並分飭各院遵照外，應請貴會派員監交，並轉飭各縣市分會分別派員監交，仍將貴會派定監交員姓名先行見覆為荷。⋯

⋯⋯」案經台灣省接收委員會日產處理委員會於同年二月五日產（卅六）處字第〇七八〇號代電致台灣省行政長官公署宣傳委員會及各縣市政府略以：「⋯⋯關於省黨部定期接收各電影院一案，除台北市部分由本會派專員章懋猷監交外，其餘各縣市部分已分別電知各該縣市分會就近派員監交，相應復請查照為荷。⋯⋯」中國國民黨台灣省執行委員會嗣於三十六年一月二十八日以雨子儉台黨財字第二六號至第三四號函致台灣省日產處理委員會通知定於同年一月二十八日至二月九日分別派員接收各電影院。

旋台灣省行政長官公署宣傳委員會於三十六年一月三十日令將該等戲院交由中國國民黨台灣省黨部，並由台灣省黨部成立台灣電影事業股份有限公司經營之。並經台灣省行政長官公署於三十六年四月以署產（卅六）處字第二五一七號代電呈南京行政院院長張鈞鑒：「查本省接收日資電影事業前經秉承中央意旨飭由本署宣傳委員會會同日產處理委員會將大世界戲院等十九單位移交中國國民黨台灣省黨部接管，並經以署（卅六）產字第一六六三號電呈核備在案。⋯⋯」

按相關檔案及史料文件顯示，該十九家戲院係台灣省行政長官公署宣傳委員會接收日資電影戲院移交予中國國民黨台灣省黨部接管經營，既係撥歸該黨經營，該黨對於該十九家戲院應僅有經營權而無所有權，惟行政院及相關政府機關竟未能釐清兩者之分際，致該十九家戲院陸續有已移轉予他人者，有仍登記為該黨所有者。行政院身為國家最高行政機關，應本維護國家財產及人民權益之職責，確實徹底清理，依法處理。

三、各級政府機關將其管有之公有土地及建築物陸續贈與中國國民黨，顯與憲法規定及法律之實質精神有悖，亦似與台灣省省有財產管理規則列示之公有財產管理方式不符，行政院應確實徹底清理，依法處理。

按台灣省省有財產管理規則第七十四條第二項「鄉鎮縣轄市有土地之處分，應由該管鄉鎮縣轄市公所送經鄉鎮縣轄市民代表會審議同意後，報經該管縣政府核准。……」之規定，係該規則於七十四年四月二十日修正時所增訂；之前，該規則並未就鄉（鎮、市）有土地處分有所規定。惟按七十二年九月廢止前之公有土地管理辦法第六條規定「鄉鎮有土地由鄉鎮自治機關使用收益，其處分應經該管市縣政府核准」，另按民國十九年六月三十日國民政府制定公布，二十五年三月一日施行之土地法第二十五條規定：「直轄市或縣（市）政府對於其所管公有土地，非經該管區內民意機關同意，並經行政院核准，不得處分或設定負擔或為超過十年期間之租賃。」查各級政府機關將其管有之公有財產，自民國四十七年起至民國七十七年止，多年來陸續贈與中國國民黨及其所屬單位，其中土地八十六筆，面積合計一七、八九〇・二平方公尺；建築物三十七筆，面積合計一二、二五一．八平方公尺。各該政府機關雖係依上開規定程序，提經各該管民意機關同意，並報經其上級機關核准後，將各該公有財產贈與中國國民黨，然揆諸其程序，依事件當時之法律，雖有所據，惟在當時黨國體制之下，多年來陸續將政府管有之公有土地及建築物贈與該黨，此種獨厚特定政黨之作法，顯與法律實質精神有違；又衡諸憲政原理，所謂國有財產，屬全國人民所有，政府機關不過是受人民付託，並為人民之利益而代為管理。此即中華民國憲法第一百四十三條第一項規定：「中華民國領土內之土地屬於國民全體」之意旨所在，故各級政府在管理、使用、處分公有財產時，自應以人民之利益為依歸，並不得損及人民之利益。過去各級政府將國家財產無償贈與中國國民黨之行為，已在人民及政黨之間，形成不公平之差別待遇，顯與憲法第七條人民不分黨派，在法律上一律平等的精神有悖，亦似與民國五十五年九月十五日公布之台灣省省有財產管理規則列示之公有財產管理方式不符，行政院應確實徹底清理，依法處理。

波折與影響

本案調查完成後，在提請財政及經濟與內政及少數民族委員會討論過程中，因事涉高度政治敏感，三度提出調查報告，二次糾正案文未通過，又出現過四位調查委員分提兩個調查報告，這些都是本屆監察院所未曾有過的現象。茲略述於下：

一、第一次：九十年二月七日，四位委員提出調查報告（其中趙昌平委員加註「對處理辦法一部分，保留個人不同意見」，林秋山委員加註「對部分文字及處理辦法一保留不同意見」），黃煌雄委員與張德銘委員同時提出糾正案文，經財政及經濟與內政及少數民族委員會第三屆第三十七次聯席會議討論決議：「本案撤回」。

二、第二次：九十年三月二十日，黃煌雄委員與張德銘委員提調查報告甲案；趙昌平委員及林秋山委員提調查報告乙案，其中黃煌雄委員與張德銘委員兼提糾正案文，經財政及經濟與內政及少數民族委員會第三屆第四十次聯席會議決議：「本案保留並推請財政及經濟委員會召集人謝慶輝參與協調整合，並以前次會議所提調查報告版本為參考依據，儘速提會討論。」

三、九十年四月二日，四位委員提出調查報告（四位調查委員均簽署，且均未加註意見），黃煌雄委員與張德銘委員同時提出糾正案文，經財政及經濟與內政及少數民族委員會第三屆第四十一次聯席會議決議：

◎抄調查意見一，函請行政院就中國國民黨轉帳撥用之國有特種房屋及其基地，確實徹底清理，依法處理；

◎抄調查意見二，函請行政院就前台灣省行政長官公署撥歸中國國民黨經營之十九家戲院，確實徹底清理，依法處理；

◎抄調查意見三，函請行政院就贈與中國國民黨之公有土地及建築物，確實徹底清理，依法處理。（糾正案未通過）

在本案審理通過大約一年半之後，行政院於九十一年九月十一日第二八〇三次會議正式決議「政黨不當取得財產處理條例」草案，作為解決國民黨黨產的立法依據，此一草案也已送到立法院待審。

另外，九十一年九月二十五日，中國國民黨主席連戰在該黨中常會對黨產處理做出三點宣示，其中第二點為：「在合法的原則下，涉及『轉帳撥用，無償贈與』的國民黨現有部分房地，約一百十一筆土地及四十二筆房屋，將主動捐贈，並於近日內將相關資料交由律師團，就有關捐贈的法律程序及步驟進行研商處理。

此外，在接收日產部分，在中影公司所管轄戲院，因屬公司型態組織，內有相當部分的其他民股在內，涉及層面較複雜，國民黨中央將責成中影公司依政府有關規定處理。」

同年十月七日，國民黨正式將準備捐贈給原捐贈單位一百十一筆土地及四十五筆房屋的資料及權狀，交由永然聯合法律事務所、眾信協合國際法律事務所及明暉法律事務所共同組成的律師團與受贈單位接洽聯繫，並進行捐贈不動產所有權移轉登記等有關程序，至此台灣民主化最後一項障礙的排除，終於在千呼萬喚中踏出遲來的一步。

儘管國民黨對黨產的處理不盡符合本案調查報告內容，對此，黃委員表示「秉持道德承擔，完成這項調查，一切結果讓資料來說話。……過去黨產是不義之財僅是口號，而今黨產歸還已近完成，這種正義重建使得政黨終於可以站在合理的基礎上公平競爭，這就是民主理想的真正實踐……」

整體而言，本案由於事涉高度政治敏感，儘管審查結果沒有針對任何機關做出任何彈劾或糾正，但其對我國民主政治與政黨政治發展的影響，卻可能是本屆監委三千多個調查案中最為深遠與廣泛的一個，其餘波盪漾及後續影響，迄今仍在持續延燒當中。

第四篇

文化、人權與教育

壹、古蹟維護案

從黨外時代以來，在政治人物之中，黃煌雄委員一直是少數一個充滿著「歷史感」的人。

第一次立委任內，黃委員曾就台灣史提出總質詢，質詢的內容與附件總共超出十萬字，創下立法院空前的記錄。而在三任立委期間，黃委員為台灣史應納入中小學教科書、各大學應增設台灣史課程、中央研究院增設台灣史研究所等旨在建立台灣主體性所應具備的基礎條件而不斷努力。

七十七年，黃委員創立台灣研究基金會（以下簡稱台研會），十六年來，台研會所舉辦的活動與所出版的書籍，從國內的「新生代論文研討會」到「北美洲台灣研究年會」，從「百年來的台灣」到「兩岸民主化」的系列著作，都見證了台研會在找尋並建立台灣「自我」的旅程上，一直像一名拓荒者。

兩年哈佛之旅（八十五年至八十七年），黃委員在歷史觀之外，拓展了世界觀，並增加黃委員對台灣現狀思考的廣度和深度。從捷克哈維爾和南非曼德拉身上，黃委員益體認到文化認同與族群和諧對台灣未來的重要性。

自擔任監察委員時起，黃委員延續對於歷史文化事務的關切，紮實的調查了幾個關於文化的重要案件，因而獲得文化界人士形容為「文化監委」。

「霧峰林宅」將重現風華

霧峰林家的家族史是台灣史的縮影，……林宅建築不僅是歷史的空間，更見證了台灣百年來的重要政治文化變遷。

（霧峰林宅）重建的腳步能在災後三年開始步上正軌，以至今日有具體的計畫成果。無論以台灣人或林家子孫的身分，我們都應該給予委員掌聲，並致上深厚謝意。

——林義峻　霧峰林家二級古蹟下厝管理委員會總幹事

從政之前，黃委員曾默默執筆發掘湮沒於戒嚴體制中一段刻意留白的台灣民族運動史，黃委員因而與這段歷史中的兩個最為關鍵的領導者——蔣渭水與林獻堂——結緣，黃委員曾為蔣渭水立傳，這是全世界第一本有關蔣渭水傳記；而兩次有關「霧峰林宅」

古蹟保存維護的調查案，則使黃委員與林獻堂結下不解之緣。

霧峰林氏家族的歷史，可說是台灣社會發展歷史的縮影，從清代墾殖經商而為官紳並逐步修葺揉合而成的霧峰林宅建築，更是台灣地區唯一官紳合體的宅第，也是台灣第一大家族所留下最為重要的歷史表徵。

九二一地震當時，二級古蹟「霧峰林宅」嚴重毀損，由於內政部民政司在九二一地震後未實地勘查前即論及「解編」，且以霧峰林宅修建恐有偷工減料尚待調查為由藉詞推託，致使霧峰林宅鑑定工作完全停擺，黃委員遂提案主動調查主管機關在處理過程有無違失等情。

八十九年元月九日，黃委員根據調查結果，綜整提出簡要調查意見如下：

一、報載內政部輕言論及古蹟「解編」，並使鑑定工作停擺等情，經查雖非屬實，惟內政部對於古蹟修復乙事態度被動消極，迄今尚未提出任何建議性構思，亦未明示重建的基本態度，洵有未當。

二、內政部未掌握第一時間組編相關學者、展開調查評估，並針對危險部分緊急處理防止建物受到餘震二度傷害，顯示平時通報系統即不夠健全，文化資產體系亦亟待建立，同時反映出政府長期漠視文化資產保存的心態，對此相關法規修改實刻不容緩。

三、主管機關不宜因籌措經費不易而動搖保存文化資產的決心，允應展現堅定態度，從長計議擬妥計畫逐步辦理。

自九二一震災起長達二年多的期間，內政部對「霧峰林宅」處理態度始終不明，舉棋不定，林氏子孫雖為此不斷奔走吶喊，並幾乎對政府的承諾失去信心，不知如何與繁複的行政程序相互角力，基於濃厚的歷史情感，黃委員再度提案調查霧峰林宅古蹟後續處理情形。

九十年十月十五日及十一月二日，黃委員一行分赴台中「霧峰林宅」及板橋「林本源園邸」現場履勘；同年十月十七日並邀請專家學者舉行諮詢會議，與會者有國立藝術學院林會承教授、成功大學地球科學系林慶偉教授、台灣大學建築與城鄉研究所夏鑄九教授、輔仁大學賴志彰教授、中國文化大學李乾朗教授、中央研究院台灣史研究所籌備處黃富三教授及國史館劉峰松主任秘書，就「霧峰林宅」歷史定位、文化價值、重建方向、居民安置、遭遇困境及處理過程等課題交換意見。

同年十一月五日，黃委員約詢行政院陳錦煌政務委員、內政部張博雅部長、行政院九二一震災災後重建推動委員會黃榮村執行長、行政院文化建設委員會吳密察副主任委員及台中縣文化局洪慶峰局長等人員，進一步彙整本案調查事實。

隨後，內政部確立對「霧峰林宅」古蹟重建基本原則及具體措施：

基本原則——◎區域整體保存。
◎建物局部修復。
◎歷史經典優先。
◎旁支空間再議。

具體措施——近程目標：
◎克服工程合約及其他行政障礙，即刻著手進行頂厝「景薰樓」後續修復工程。
◎進行下厝「宮保第」第三進解體、規劃、修復工作。

中長程目標：
◎由內政部、重建會、台中縣政府、頂厝、下厝與萊園代表及學者專家共同組成「霧峰林宅」復建委員會，統籌復建工作。
◎由頂厝、下厝及萊園共同推薦專業人士，就復建問題提出整體規劃方案。
◎規劃方案提復建委員會確認，經該部依法審查通過後即著手實施。

但九十一年四月九日，內政部卻在毫無預警狀況下，以及出於一般人預料之外，逕行公告將林家頂厝部分景薰樓後樓後側、新厝範圍、頤圃後側和屬下厝部分的草厝及二十八間等建物解除古蹟指定，震驚文化界。四月十九日，林家後人在黃委員前往視察時到場陳情。

九十一年五月八日，內政部長余政憲赴監察院就「二級古蹟霧峰林宅震災後復建相關事宜」進行專案報告，黃委員一面讓余部長了解整個案情的來龍去脈，一方面也向余部長提出嚴肅「質問」，事後余部長實地履勘霧峰林家，劍及履及地在同年七月一日，宣布重新恢復霧

峰林家建物為古蹟，並陸續編列預算辦理整修工程。

關於本案，黃委員根據訪查所反應的意見，綜整提出簡要調查意見如下：

一、九二一震災二年餘，內政部始擬具復建政策，肇致地方政府執行困擾且造成民怨，核有失當。

二、「霧峰林宅」重建方向既已定案，所需預算不僅應逐年編列，更應有效落實執行。

三、為促使「霧峰林宅」復建得以順利完成，內政部應儘速組成「霧峰林宅」古蹟復建專案小組，俾發揮監督功能。

四、為考量古蹟整體規劃及維護保存，有關機關對於「霧峰林宅」解編部分仍須力求慎重，並應受文化資產保存法規範。

五、有關機關對「霧峰林宅」古蹟原住戶的安置應妥善解決，以展示政府維護文化資產的決心。

由於這個調查報告，「霧峰林宅」不僅免於被解編的命運，同時也以五年為期，編列了六億五千萬元預算，「霧峰林宅」可說是真正步上復建之路。

整體而言，「霧峰林宅」古蹟保存維護的兩個調查案，曾經歷兩位內政部長及四位民政司長，但既沒有彈劾任何官員，也沒有糾正任何機關，卻發揮立竿見影的成效，見證了監察機關改進公共行政品質與預防違法失職的積極功能。

作為林氏後代一份子，霧峰林家二級下厝管理委員會林義峻總幹事於二〇〇四年來函表示：「由於委員的自動調查案，促使內政部與各級政府改善聯繫與整合工作，並重新評估霧峰林家的重建案，也凝聚了文化界人士對受災古蹟修復保存情況的關心，讓重建的腳步能在災後三年開始步上正軌，以至今日有具體的計畫成果。」

「摘星山莊」得以維護

有鑑於「霧峰林宅」古蹟保存維護案的具體成果，台中縣文化局洪慶峰局長主動向黃委員陳情經年懸而未決的「摘星山莊」案，黃委員遂進而調查「摘星山莊」古蹟保存維護案。

台中縣潭子鄉「摘星山莊」，為清代陸路提督林文察哨官林其中於清同治十一年啟建，光緒三年落成，距今已有一百三十餘年，為兩堂四護，前有大埕、半月池，主體正南，門樓東南，格局特色，其中木石、磚陶、剪黏及彩繪多為當時名匠郭雪梅的作品。

摘星山莊所有權原屬祭祀公業林在矣，八十六年六月十五日祭祀公業管理人將摘星山莊四分之三土地出售給建商，為免遭受建商拆毀，台中縣政府於八十六年十二月二十六日依文化資產保護法將摘星山莊指定為縣定古蹟，並按地主出售價格於八十八年四月一日與建商訂約照價收買四分之三土地部分產權，並轉移登記為國有及縣有。

本案在後續價購剩餘四分之一土地部分並要求地主將摘星山莊建物一併捐贈縣府時，一方面因摘星山莊建築年代久遠且未辦理保存登記，稅籍名冊原有十七人，惟其中十六人皆已去世，繼承人皆未辦理產權繼承，且後裔子嗣多散居國內外，一一尋訪曠日廢時且徒增繼承紛擾。另一方面，林勝雄原非稅籍名冊所列登記名義人，且無意願召開派下員大會，是以無法藉由派下員大會決議將摘星山莊產權處分權授權林勝雄執行，進而將摘星山莊所有權移轉登記為台中縣政府。

因此，台中縣文化局寄望藉由中央各主管機關對於法令的解釋找出可行辦法，順利將摘星山莊所有權移轉登記為台中縣政府所有，爰向黃委員陳訴尋求協助，九十二年八月五日，黃委員函請內政部地政司、台中縣地政局、雅潭地政事務所、財政部賦稅署、財政部台灣省中區國稅局、台中縣稅捐稽徵處及內政部民政司等單位，先行研擬「摘星山莊地上物如何順利移轉登記為台中縣政府所有」相關法令見解暨實務作法；同年九月八日，約詢上述中央及地方相關主管人員，並同時約請祭祀公業林在矣管理人林勝雄到院說明。

由於本案古蹟只要確定權屬即可辦理移轉，由權利人與縣府締結捐贈契約即可，內政部地政司張元旭司長依林勝雄說明，表示該等古蹟建物未曾辦理保存登記，各稅籍登記名義人並無所有權，僅有使用權，惟現本案既已向各房購買建物使用權擁有房屋大部分使用權，應可循法定程序以其名義捐贈縣府，並公告徵求異議，有異議者另行處理。

九十二年十一月十七日，本案在達成共識後，台中縣政府積極與林在矣祭祀公業管理人林勝雄洽商剩餘四分之一土地買賣契約書與不動產捐贈契約，終於九十三年七月十六日就摘星山莊四分之一土地完成過戶手續，另於同年八月三十一日完成地上建物所有權第一次登記公告，並於九月一日取得建物所有權權狀。

整體而言，本案原係各單位基於職責立場未能充分溝通了解問題所在而產生的紛擾，經黃委員本於監察權的行使，約請各單位說明釐清並對業主曉以大義後，遂能順利解決。

「恆春古城」不再衰頹

在「霧峰林家」與「摘星山莊」古蹟保存維護案後，一向關心歷史文化的黃委員，經由地方巡察，得知屏東縣恆春鎮林金源鎮長對於「恆春古城」的無力感，繼而提案調查「恆春古城」古蹟保存維護情形。

屏東縣恆春鎮「恆春古城」，係由於國防考量正式立縣建城，依縣城規模與建造格局建於清光緒元年，工程巨大，耗資約十六萬七千餘兩銀元，迄今已有一百二十餘年，氣勢雄偉磅礡，防禦堅固完備，為台灣在清朝末期城池的代表作，如今不僅是古老的歷史遺跡，最佳的鄉土教材，亦是屏東觀光文化建設的重鎮。

「恆春古城」原暫定一級古蹟，七十四年公告指定為二級古蹟，諸如古蹟維護及空間再造皆待積極辦理。

九十三年二月二十六日，黃煌雄委員等一行工作團隊實地履勘「恆春古城」，並舉辦座談，聽取相關單位業務報告，藉以釐清本案權責。與會相關單位主管人員包括內政部民政司、營建署、財政部國有財產局台灣南區辦事處、屏東縣恆春鎮公所林金源鎮長、屏東縣政府文化局文化資產課及建設局都市計畫課等。

黃委員根據訪查及座談所反應的意見，認為整個問題的關鍵，在於屏東縣政府建設局及文化局等中級主管人員辦事不力，且態度被動，甚或有拖延敷衍之嫌，乃提案糾正屏東縣政府：

一、屏東縣政府為三級古蹟恆春古城的管理維護機關，卻未能積極任事，有效協助恆春鎮公所處理恆春古城保存區腹地徵收、撥用及違建拆除工作，明顯怠忽職責。

二、屏東縣政府應積極協調內政部民政司、內政部營建署、財政部國有財產局等權責機關，本愛護國家古蹟及珍惜文化資產之立場，共同協助恆春鎮公所推動恆春古城維護與空間再造計畫。

經過糾正之後，屏東縣政府在態度上為之一變，轉為積極任事。大約半年之後，約九十三年八月十六日，當黃委員再度來到屏東縣恆春鎮檢視「恆春古城」古蹟維護成果時，「恆春古城」及周邊維護工作中古蹟主體修護、周邊維護用地變更、周邊景觀改善、公有土地撥用及周邊違建問題皆已卓有成效，其修復工程已於九十三年六月二十五日邀集專家學者審核完成，訂於九十三年九月二十五日提送細部計畫圖，待東城門樓解體工程預算書圖函送內政部核後即可發包執行。這個發展正如林鎮長致黃委員感謝函中表示：「恆春古城修護工作，承蒙鈞座對古城的關心與努力，相關單位已積極推動各項工作，相信在您的督促與指導下必能克服困難，逐步達成各項目標，而古城風華再現將指日可待。」

金門邁向「世界文化遺產」之路

監察院的介入金門閩南與戰地文化調查，扣合了金門人在小三通以外，另一種可長可久的文化態度與島嶼心情。……在「金門世界文化遺產推手」黃煌雄委員推動下，一個消失的戰地，一座閩南新故鄉，於焉開演。

——楊樹清　金門學叢刊總編輯

由於先前「社區總體營造」八個月走訪全台代表性社區的累積經驗，「全台灣只有金門才有『面』的地位和分量」的這份體認，促使黃煌雄委員於八十九年自動調查「金門閩南文化與戰地文化維護總體檢」案。

金門，既是閩南文化之島，也是飽歷滄桑的島，在長達一千六百多年歷史中，歷代士族紛至沓來匯聚於此，儼然是中原文化的縮影，曾因大量移民南洋成為僑鄉，足證金門是中華文化傳播台灣與南洋的窗口與中繼站。

此外，金門又兼有國共戰爭冷戰結構遺留的戰備坑道及地雷軌砦，因此造就金門獨一無二的「閩南與戰地文化」珍型。

然而由於現今政經社會環境的轉型，原本台閩一家的文化淵源，隨著當地居民生活改變，逐漸遭到遺忘與漠視，因此，如何把握金門閩南文化與戰地文化在文化歷史「面」的價值與地位，融合戰史、民俗、人文與古蹟以建構未來觀光發展的主軸，實為思考戰地文化保存維護的重要課題。

「金門閩南文化與戰地文化維護總體檢」調查案的提出，即在瞭解金門閩南傳統建築聚落、牌坊埤碣、民俗文化、戰地文化、僑鄉文化及社群組織特色與歷史價值，以及行政院文化建設委員會、內政部、教育部、國防部及金門縣政府等有關單位保存維護情形。

八十九年十二月十八日至二十日，黃煌雄委員一行親赴金門進行實地履勘，走訪行程計有中正國小民俗文化傳承——鼓吹

陣、金城國中鄉土教學、西山前李宅、古寧頭鎮威第、後埔總兵署、文台寶塔、酉堂、牧馬侯祠、邱良功母節孝坊、瓊林蔡氏祠堂、金城陳氏祠堂、許氏祠堂等歷史古蹟，及瓊林、山后、水頭、珠山、歐厝、北山、南山等閩南傳統聚落。

在三天的實地履勘過程中，黃委員等一行工作團隊，除於金門縣政府舉行綜合座談，就如何維護並傳承金門閩南文化與戰地文化等相關議題聽取專家學者意見，並就金門戰地文化維護議題與金門防衛司令部座談交換意見，座談氣氛極為熱烈。

關於本案，黃委員根據訪查所反應的意見，綜整提出簡要調查意見如下：

一、金門閩南文化與戰地文化具有歷史價值與世界性地位，中央與地方權責機關亟需建立統合協調機制，以促進保存維護整體成效。

二、行政院宜責成外交部、交通部、文建會等部會加強國際行銷推介，將閩南文化與戰地文化登錄成為聯合國世界文化遺產。

三、行政院宜責成教育部、文建會等部會以新思維與新作法，為金門閩南文化與戰地文化的保存維護找到新的傳承。

四、行政院對金門戰地文化認知不夠，自戰地政務解除後，歷年資源投入付之闕如，顯有未當。

五、行政院長期忽略金門僑鄉文化的保存維護，洵有未當。

整體而言，「金門閩南文化與戰地文化維護總體檢」調查案的最主要意義，在於正式籲請政府將「金門閩南文化與戰地文化」登錄為聯合國的世界文化遺產，這是官方體系首次提出此種呼籲。文建會的反應非常靈敏，很快地邀請UNESCO的專家來到台灣作實地考察，初步並已選定十二個潛力點，金門不僅為其中一個潛力點，且是所有潛力點之中最全力以赴，並以一種如辦喜事的心情參與推動。

另外，這份調查報告也催生了一本新書——《消失的戰地》，金門籍的作家楊樹清，洋溢著生命力，記錄了「金門世界文化遺產顯影」，努力要將金門這個「古戰場」與世界接軌，並經由邁向「世界文化遺產」之路，航向世界。

原住民：從體壇、樂壇到文化產業

「原住民文化理應成爲台灣多元文化天空的豐富色彩、理應成爲台灣與世界扣連的文化象徵，不過，長期以來，政府與政策對於原住民主體文化產生了反面的影響。」

——依斯坦達霍松安那布　布農文教基金會副執行長

「原住民文化產業總體檢」自動調查案的提出，係繼「社區總體營造總體檢」調查案後，黃煌雄委員對原住民弱勢族群的持續關懷。

原住民文化產業，即當地部落的人文、歷史、藝術、手工藝品及自然生態等相關議題，經由部落社區人士活化而賦與部落更多生命力，因而有助提升部落生產、生活、生態及生命等相關文化，促使部落原鄉確立出產業主體性，營造部落經濟成長，提升部落文化相關產業。

由於部落產業具有生活化與親切性等特性，同時又兼具全區共享的溫馨，因而原住民文化產業的推動，首應著重部落所在的地域性及其本身的特殊性。

整體而言，本案是行政院原住民族委員會成立以來，首次以跨部會的方式，與文化建設委員會、內政部、農業委員會、交通部等相關部會及監察院共組工作團隊，共同關注原住民族委員會所主管的文化產業事務。從九十三年二月十一日至四月十四日，在兩個月期間，黃煌雄委員一行工作團隊實地走訪了二十一個原住民鄉鎮市，參觀了超過五十個以上的原住民工藝坊。在與原住民互動的過程中，工作團隊成員充分感受到原住民的謙卑、熱誠與潛力。

茲將「原住民地方文化產業總體檢」專案實地訪查行程簡略列表如下：

地區	時間	行程
新竹苗栗地區	93年2月11日	尖石鄉小錦屏部落那羅灣休閒農業園區、那羅老礦場、香草栽培示範區、那羅野溪自然生態工法
		尖石鄉小錦屏部落由達克河川護魚成果、小錦屏步道、亞山溫泉
		尖石鄉小錦屏部落在地文化產業工作簡報及座談
	93年2月12日	南庄鄉東河石壁工作坊泰雅編織及染織
		南庄鄉蓬萊部落潘三妹工作室竹籐編織
		造橋鄉力馬工作坊
	93年2月13日	泰安鄉公所在地文化產業工作簡報及座談
		大湖鄉大湳村興南竹筍加工站
		泰安鄉象鼻村苗栗縣原住民工藝協會
		泰安鄉士林村達拉灣休閒農場及比浩民宿
南投嘉義地區	93年2月17日	仁愛鄉公所在地文化產業工作簡報及座談
		霧社抗日紀念碑
		仁愛鄉春陽部落魯比工作室、拉拜工作室及必瑪工作室
	93年2月18日	仁愛鄉南豐部落夢谷休閒農場
		信義鄉農會酒莊經營及在地文化產業工作簡報座談
	93年2月19日	阿里山鄉山美部落護溪固魚成果及編織班
		阿里山鄉新美部落工作坊
		阿里山鄉茶山部落民宿經營及在地文化產業工作簡報及座談

屏東地區	93年2月24日	霧台鄉公所 霧台鄉岩板巷民宿及七家工作室 霧台活動中心在地文化產業工作簡報與座談
	93年2月25日	三地門鄉公所 三地門鄉大社村達瓦蘭部落 三地門鄉工藝大道四家工作室 三地門鄉公所在地文化產業工作簡報與座談
	93年2月26日	來義鄉公所 來義鄉喜樂發吾社區 來義鄉古之塵等四家工作室
花蓮台東地區	93年3月3日	台東市建和社區哈古工作室 天主教曾建次輔理主教 延平鄉紅葉溫泉 延平鄉紅葉國小及紅葉少棒紀念館 延平鄉桃源村布農文教基金會
	93年3月4日	延平鄉鸞山部落及在地文化產業工作簡報與座談 卓溪鄉太平國小及太平社區 玉里鎮德武社
	93年3月5日	萬榮鄉紅葉社區 光復鄉太巴塱社區及馬太鞍社區

桃園宜蘭台北地區	93年3月29日	復興鄉歷史文化館 復興鄉義盛村小烏來山莊民宿 復興鄉高義蘭泰雅族文化產業工作坊及在地文化產業工作簡報與座談 大同鄉公所崙埤區部落E化網站、民族植物園區、手工藝工作坊及泰雅生活文物館
	93年3月30日	馬告國家公園簡報及現場會勘 大同鄉西雅諾工坊及玉蘭休閒農業區 大同鄉九寮溪自然生態教育園區 大同鄉公所在地文化產業工作簡報與座談
	93年3月31日	烏來鄉福山部落工作坊及生態步道 烏來鄉烏來部落織藝教室及泰雅工作坊 烏來生態農場
高雄地區	93年4月13日	茂林國家風景區管理處 茂林鄉烏巴克工作坊 茂林鄉多納民宿及的的那邊工作坊 茂林鄉公所在地文化產業工作簡報與座談
	93年4月14日	桃源鄉拉夫拉斯工作室 桃源鄉建山村亞力民宿 桃源鄉高中村護溪保育工作 桃源鄉公所在地文化產業工作簡報與座談

關於本案，黃委員根據訪查所反應的意見，綜整提出簡要調查意見如下：

一、原住民鄉鎮地方文化產業具有重要特色與價值，然行政院相關部會對原住民文化產業的推動起步較晚，挹注的資源嚴重不足，且未建立整合機制致績效不彰，顯有怠失。

二、行政院推動的公共服務擴大就業計畫在確保原住民文化傳承及穩定原住民社會上具有正面意義，允宜考慮予以延續並思考擴大推動由部落認養山林保育機制。

三、行政院對已達國際水準的原住民文化產業應寬列預算、提升輔導層級並予以支持，且應建立獎勵機制，協助原住民文化產品應用於高科技產業商品上，以開創國際市場行銷管道。

四、行政院宜責成相關部會全面檢討原住民工藝坊所面臨的問題，提出積極輔導策略並成立輔導團隊，且應建立評鑑制度、品牌認證與行銷通路，俾利工藝坊的永續經營。

五、行政院宜責成相關部會全面檢討原住民地區發展生態旅遊所面臨的法令障礙，採取積極配套措施，以發揮原住民鄉鎮的環境優勢，並建立其地方產業主體性。

六、貸款與土地問題為原住民文化產業面臨的兩大瓶頸，政府應一改以往拖延漠視的態度，正面對待此一問題並提出具體解決時間表，以激勵原住民文化產業的向上發展。

七、莫那魯道史蹟、地磨兒藝術公園、紅葉少棒紀念館、布農文教基金會及泰雅生活文物館等對原住民文化皆有重要意涵與價值，行政院相關部會應挹注資源協助整建與發展，俾彰顯其精神與意義，為歷史作見證。

綜合來說，從體壇到樂壇，從過去到現在，台灣當紅的運動選手與演藝人員，原住民幾乎可說囊括前矛，布農的八步合音甚至已登陸奧運；可見原住民揮灑空間正在逐步擴大當中，而文化產業正是原住民展示的另一個重要舞台。在黃委員一行的走訪過程中，不僅欣賞到原住民琉璃之美、雕刻之美與編織之美，更聽到原住民發自內心充滿自信的吶喊：「台灣的文化在哪裡？台灣的文化在原住民。」

致監察委員黃委員煌雄先生感謝函

「霧峰林家」古蹟在一九九九年因九二一震災嚴重毀損，至今將屆五年，其間關於古蹟修復重建與住戶安置問題，迭有波折與爭議，甚至一度遭遇解除古蹟認定的疑慮。幸賴監察委員黃煌雄、馬以工先生之主動奔走調查，促成主管機關內政部成立相關專案小組，並使各級政府、學界與林家後代能有效溝通，形成共識。在調查案的適當規劃下，復建計畫與工作才得以陸續開展。而今重建成果可期，除了實際執行的各級主管機關外，監察委員之調查工作實居功厥偉。

身為台灣人，霧峰林家的保存自有歷史上不可抹滅的指標意義。霧峰林家的家族史是台灣史的縮影，從清代墾殖經商而為官紳，逐步修葺揉合族群特色的家宅，到日治時期作為文化抗日的領導據點，不幸毀於震災的林家建築群，即是台灣最具體的歷史文化資產。林宅建築不僅是歷史的空間，更見證了台灣百年來的重要政治文化變遷。若林家建築就此消失，相信許多近代史的記憶章節也將褪色而失去立體感，這是令人惋惜、痛心的。

身為林家子孫，霧峰林家建物的存續更具有情感與人權上的意義。對於居住在古蹟內的林氏後代而言，這些建築物是珍貴文化財，也是唯一的家園。我們在這片宅院中生活，擁有不可取代的記憶。自從家宅被指定為古蹟後，住戶即蒙受不能擅自修復房屋等種種不便，而震災後，無法隨意就地重建，更使許多林家子孫流離失所，只能等待政策指示，等待重回家園的希望。

但由於政府機關延宕的處理方式，九二一災後初期，霧峰林家倒塌建物的清理與保存情況不盡理想，甚至遭到內政部研議取消古蹟資格。當時情況對身為受災戶的林家後代而言，可說是雪上加霜。若非二位委員熱心參與，要求調查「內政部民政司處理霧峰林家花園於九二一地震後毀損之修復過程違失案」，我們在失去家園的同時，面對各種官方說法實在有太多無力感，更不知從何與繁複的行政程序角力。

由於兩位委員的自動調查案，促使內政部與各級政府改善聯繫與整合工作，並重新評估霧峰林家的重建案，也凝聚了文化界人士對受災古蹟修復保存情況的關心，讓重建的腳步能在災後三年開始步上正軌，以至今日有具體的計畫成果。無論以台灣人或林家子孫的身分，我們都應該給予委員掌聲，並致上深厚謝意。

謹此感謝二位委員對文化保存的付出，以及為調查工作投注的心力。

霧峰林家二級古蹟下厝管理委員會總幹事林義峻

金門世界文化遺產的推手

——黃煌雄委員與金門

楊樹清
金門學叢刊
總編輯

台灣走透透，「敢說全台灣只有金門才有『面』的地位和分量」的觸動；致使黃煌雄委員與尹士豪委員，於二〇〇〇年中，進行戰地政務終止後的「金門地區排雷工作之體檢報告」案。二〇〇〇年底，既篤定、又紮實地自動調查起「金門閩南文化與戰地文化維護總體檢」乙案。

把金門當第一部文化史來解讀；黃煌雄委員有著跳脫長期「台灣本位」的金門思考。

二〇〇〇年十二月十八日至二十日，他們走訪了西山前李宅、古寧頭鎮威第、後埔總兵署、邱良功母節孝坊、陳氏祠堂、許氏祠堂、金門城文台寶塔、水頭村西堂、庵前牧馬侯祠等歷史景點，以及瓊林、山后、水頭、珠山、歐厝、北山、南山等閩南傳統聚落，也到中正國小了解吹鼓陣的文化傳承，又至金城國中鄉土教學。並在金門縣政府舉行綜合座談。

「近十年來，很少有中央部會官員，為了一個案例到金門來，專程花三天兩夜時間，」歷經軍派、官派、民選，主政金門達三年的縣長陳水在，道出了他們的感動、認同與支持，並希望「整個國家的文化工作，特別是在閩南文化這個重點上，加上金門過去已經形成的戰地文化，能夠變成一個雙主題，促使行政部門能夠採取一些必要而且是有效的措施，來確保我們整個國家文化能夠保存、發展，且進一步形成國家的生命力。」

地方首長與監察委員的交流裡，有著對在地文化的自信，也有著對缺乏行政資源的邊陲弱勢的無助。陳水在的說法，卻也映現了金門人在封閉孤島上，向外尋求文化對話的殷切企盼。

此際，監察院的介入金門閩南與戰地文化調查，扣合了金門人在小三通以外，另一種可長可久的文化態度與島嶼心情。

金門行，深化了黃煌雄委員對閩南與戰地文化維護、傳承的理解及看法。

該案經過調卷彙整研析及實地查訪之後，二〇〇一年二月十六日下午二時，在監察院第三會議室舉行「如何維護並傳承金門的閩南與戰地文化」諮詢會議，邀請與金門閩南傳統建築聚落、古蹟、民俗文化、鄉土教學、僑鄉文化及戰地文化等領域有深入研究的專家學者、文史工作者二十餘人與會諮詢。

一次金門小三通前夕的閩南與戰地文化深入訪視，一場諮詢會議的深入對話，責成了「金門閩南與戰地文化維護總體檢調查報告」，並在調查意見中確立了七大要旨：

一、金門閩南文化與戰地文化具有歷史價值與世界性地位，中央與地方權責機關亟需建立總合協調機制，以促進其保存維護之整體成效。

二、行政院宜責成外交部、交通部、文建會等部會加強向國際行銷推介，將金門閩南文化登錄成為聯合國世界文化遺產。

三、行政院宜責成教育部、文建會等部會以新思維與新作法，為金門閩南與戰地文化之保存維護找到新的傳承。

四、行政院對金門戰地文化認知不夠，自戰地政務解除後，原來資料投入付之闕如，顯有未當。

五、行政院長期忽略金門僑鄉文化之保存維護，洵有未當。

六、金門閩南文化與戰地文化保存維護有待克服的瓶頸。

七、金門閩南文化與戰地文化保存維護相關參考議題。

監察院黃煌雄委員的調查報告，確定了金門閩南文化與戰地文化所具有的歷史價值與世界地位，也確認了推動金門閩南文化登錄成為聯合國世界文化遺產的行動訴求。

監察院的調查報告，並推出《消失的戰地：金門世界文化遺產顯影》一書後，到目前為止，在文建會推動登錄台灣世界文化遺產的十二個潛力點中，金門各界的反應最為積極、熱烈，已先後舉辦過閩南文化學術研討會、「離島連線・公共論壇」、金門碉堡藝術館、第八屆世界島嶼會議、金門文化藝術節、世界金門日。

在「金門世界文化遺產推手」黃煌雄委員推動下，一個消失的戰地，一座閩南新故鄉，於焉開演。

擴大社區連結

依斯坦達霍松安那布
布農文教基金會
副執行長

有這麼一種工作，工作地點在自己的家鄉，工作內容是與來訪的朋友聊天，聊族群的歷史，聊老人家的照護，聊兒童的教育，聊山山水水、美好的心情；收入求得溫飽沒問題，更大的收穫來自心靈的感動。這是什麼工作呢？這是社區營造。

本來，為了社群努力，關心鄉土，實在稱不上工作，也不能以工作的心情視之。不過，當遙遠的中央部會以社區營造為名推動本土文化建構，以經費補貼作為鼓勵社區工作的手段，勢如破竹的襲捲天邊海角的部落村庄時，我們方才知道，多年來在自己的土地上所努力所從事的，稱為社區營造。

社區營造作為一種工作對於長期的社群意識凝聚是助益是破壞？我還在思考中。但是我明顯的看出，以一種經濟型態（或者慣稱為文化產業）作為社區工作的重要集結點（吸引多數人投入的關鍵），恐將使社區營造陷入死胡同，因為過多的政府支持，營造出社區短暫的璀燦煙花，卻可能忽略了長期的人的意識提升，更令人擔心的則是政府經費成為產業文化的最大市場，那麼，個別社區競逐產業文化預算大餅（即使社造預算明顯不足），社區彼此競爭。則此等社造對於社區連結公民意識凝聚是福是禍，倒也不言可喻。

以上想法，盤旋在腦海，未能有適當的對象與機會表達，一直到有機會接待監察院黃煌雄委員及其帶領的監察院社造小組。

當黃煌雄委員來到布農部落，總是儘可能的留宿，與我們展開了知無不言言無不盡的誠實對話。基於職責所在，黃委員很快的觸及中央預算的執行，我向他提及前述憂慮，黃委員也注意到了，他深刻的感到，社區力量的奮起，是台灣自主力量的展現，激發這股力量，呵護這股力量，擴大這股力量，才是社區營造的真義。社區營造雖然在政府的推動下蔚為潮流，可不代表社造預算的方向完全正確。這實在是一個弔詭的過程，預算不足方向偏頗，應該被檢討，然而，以中央政府預算分配直線思考的方式，被檢討的預算又可能面臨縮減的危機。監察院社造小組成員就是在此等矛盾心態中，進行著社區過分的「監察」。隱隱的感到，他們試圖藉著監察利器，在中央部會層次，擴大社區營造連結，以期更多部會以社造觀點，推動政務，進而影響社造命題。

從厚實產業文化，進而穩定社群結構的角度來看，社區營造對台灣土地有著正面的影響。黃委員曾經提到：「中華民國政府應該向你們（原住民）道歉！」因為原住民文化理應成為台灣多元文化天空的豐富色彩、理應成為台灣與世界扣連的文化象徵，不過，長期以來，政府與政策對於原住民主體文化產生了反面的影響。

黃委員以從事文史工作的態度，看事情的角度，從土地出發，以人民為依歸，這些想法，於他不是口號，而是日常生活的實踐。多次來訪，黃委員並非以官方身分前來，而是帶著家人，來到布農，徜徉天地間，話頭很開闊。彼時，我們交心的會談，他憂心忡忡的思索著台灣文化主體性，他也經常的感到相對原住民族對於主體文化建構的積極，台灣文化反而顯得模糊。黃委員與我們的對話相當投契。我想，黃委員後續多次來訪，並且經常在電話中詢問布農種種，正是這份默契使然。

社區營造是人的連結，理念的擴散。近年來黃委員的足跡踏遍台灣各地，探訪民情之際，也宣揚對土地的認同，對台灣的熱愛。可以說，他的視野跳脫地域藩籬，族群差異，為著台灣主體意識而努力。黃委員反向思考監察工作，由擴大社區認同入手，他不正是在推動以台灣為主體的社區營造！

貳、人權保障案

黃煌雄委員對人權的關懷是持續不斷的，在擔任立委期間，黃委員不僅勇於揭露政府在戒嚴時期所遺留的歷史傷痕與負債，並為這些受難者或受難家屬積極尋求正義公平的對待與補償。

七十六年，黃委員首先在立法院先針對「二二八」，提出六項主張：政府應對二二八事件發表聲明道歉；撫慰受難者家屬；追緬台灣先賢；興建紀念館舍；公佈史實資料及釋放政治犯。這些要求在當時幾乎得不到任何回應，十七年後，這些主張都已獲得程度不同的實現。

黃委員亦曾在戒嚴時期為老兵返鄉探親請命。七十五年競選立委時，黃委員是全國第一個提出讓老兵返鄉探親的候選人；黃委員也是第一個在立法院提出每人捐一日所得協助老兵探親的立委；七十六年，更發起全國一人一元協助老兵返鄉探親運動。八十三年，黃委員又拓寬了關懷，為「前國軍台籍老兵」史實、權益、安養和撫卹等問題，分別對國防部與退輔會不斷地質詢，又為他們舉辦公聽會，陪他們走上街頭，並帶他們

「回家」——「國防部」，在鍥而不捨的努力下，政府終於承諾對台籍老兵身分予以從寬認定，並為死難的台籍老兵舉行公祭。由於這種特殊的關係，「全國原國軍台籍老兵暨遺族協會」以「台兵特字第一號」，敦聘「黃煌雄先生」為「本會榮譽顧問」。

政治犯人權

●林樹欉牙醫師案

政治犯林樹欉於前警備總部軍法處看守所服刑時，受司令部調派轉至醫務室為病人治療牙疾，於綠島監獄受刑期間亦受國防部調派，由家中寄送牙醫療器材，為病患治療牙疾，陳請國防部發給受刑期間執行牙醫職務書面證明，惟後備司令部於九十二年三月十一日函復表示，「其於前警備總部看守所暨綠島監獄受刑期間奉命執行牙醫職務等情，經查前警備總部軍法處暨職訓處留存檔案無相關資料可稽，致無法提供。」黃委員在獲悉此情後主動提案調查。

本案派查後，黃委員旋即於九十二年六月間，先請國防部後備司令部、國防部軍法司、國防部陸軍總司令部詳查留存檔案，同年七月間聯繫國防部部長辦公室請該部就陳訴人林樹欉於同年七月十五日及十九日提供的黃華、陳中統、李吉村及林欽添等聯絡資料積極查訪，並針對陳訴人提出其於服刑期間曾治療牙疾的施明德、吳盛木與吳甘雨等名單，由該部先洽詢聯繫資料後進行查訪，調查期間國策顧問黃華及民主進步黨前主席施明德因獲黃委員協助，國防部軍法司始順利完成訪談。

復為瞭解案情，於九十二年六月十三日函請國防部查復，同年九月二日再約詢後備司令部副司令林國棟及國防部軍法司軍法官蔡義騰等人提供相關資料。

黃委員根據調查綜整提出簡要調查意見如下：

一、陳訴人陳請國防部提供渠於前警備總部及綠島監獄服刑期間執行牙醫職務證明乙節，後備司令部業彙整國防部相關單位後續查證情形，並於九十二年八月二十七日函復陳訴人在案，本案業獲解決。

二、有關陳訴人回復其牙醫資格權益乙節，允宜依法續向考試院或各種專門職業及技術人員法規所定的中央主管機關申請辦理。

●受難者的回復名譽

此外，由於林樹欉牙醫師證明文件一案的關係，為深入瞭解後備司令部協助民眾開具證明或註銷犯罪紀錄的處理流程，與該部配合檔案管理局移轉檔案資料的互動情形，黃委員曾於同年九月八日訪查檔案管理局，九月十日訪查財團法人戒嚴時期不當叛亂暨匪諜審判案件補償基金會及後備司令部檔案室。

當黃委員來到行政院為處理戒嚴時期不當叛亂暨匪諜審判案件受裁判者及二二八事件受難者認定及申請補償事宜所設補償基金會及二二八事件紀念基金會時，得知內政部在辦理相關案件，係依戶籍更正登記要點第四點及第八點規定，向現戶籍地戶政事務所申請辦理更正，並由現戶籍地戶政事務所核定，惟實務作業上，戶籍地戶政事務所均轉報內政部核釋後始予辦理，其戶籍失實更正情形，或有註銷及改寫戶籍簿頁，或僅將戶籍記事更改，或有註銷及改寫戶籍簿頁並檢送戶籍謄本，顯見戶籍作業程序繁複，更正方式未能統一，因而申請調查有關二二八事件及戒嚴時期不當叛亂暨匪諜審判案件的受裁判者申請補償、回復名譽及專業證照與更正戶籍資料等各項權益事項。

為瞭解相關單位執行績效，本案於九十二年十月三十一日分別函請財團法人戒嚴時期不當叛亂暨匪諜審判案件補償基金會、財團法人二二八事件紀念基金會、考選部、內政部函復，獲知上開兩基金會歷來截至九十二年十二月底已辦理補償件數為七、六八五件，惟受裁判者及受難者已辦理戶籍更正者計四人，辦理回復名譽案件八八六件，成效未能彰顯。

黃委員根據調查綜整提出簡要調查意見如下：

行政院為處理戒嚴時期不當叛亂暨匪諜審判案件的受裁判者及二二八事件受難者之認定及申請補償事宜設立補償基金會及二二八事件紀念會，惟基金會函請內政部辦理戶籍失實更正作業程序繁複，更正方式未能統一，致成效不彰，行政院應責成內政部與基金會覈實檢討相關作業程序，並主動告知當事人及其家屬上揭權益以落實政府撫平歷史傷痛，促進族群融合美意。

此案經函請行政院責成內政部與二基金會覈實檢討相關作業程序後，內政部已於九十三年三月二十四日函復說明處理結果如下：

一、本部已於九十三年三月二十四日以內授中戶字第○九三○七二八五四七──一號函（副本諒悉）財團法人戒嚴時期不當叛亂暨匪諜審判案件補償基金會及財團法人二二八事件紀念基金會，於受裁判者及受難者申請補償事宜時，請該二基金會主動告知當事人及其家屬就其戶籍失實情形得申請更正之。

二、另本部並於九十三年三月二十四日以內授中戶字第○九三○七二八五四七一二號函（副本諒悉），請有關直轄市政府民政局及縣市政府，爾後，財團法人戒嚴時期不當叛亂暨匪諜審判案件補償基金會及財團法人二二八事件紀念基金會函轉申請人之資料至戶籍地戶政事務所，逕予辦理戶籍更正，無庸再轉報本部核釋。又受理戶籍失實更正時，統一以「註銷及改寫簿頁」方式處理，並檢送戶籍謄本至函轉中請更正案件之基金會。

在此一過程中，經由監察權的行使，有效地促成在大時代變化中的政治受難者，得以儘快地回復名譽，黃委員在沉重中有著欣慰。

弱勢者人權

●「少女的祈禱」

「許多孩子因受亂倫、性虐待或被賣、被騙淪入色情陷阱，而使年輕的生命蒙上陰影。他們需要您的關心……」在勵馨社會福利事業基金會網站首頁上，以簡短的文字，表達出對不幸受害孩童深沉而期盼的關切。

兒童及青少年為國家未來之主人翁，保護他們，並提供優質的環境，讓他們在成長的過程上，感受到家庭及社會的溫暖，這是政府的責任。對於生長在父母離異、貧苦或遭受性侵害、性剝削之孩子，政府及社會當然更需要提供更多的關懷、保護與協助。

八十四年八月十一日總統公布施行的兒童及少年性交易防制條例，其目的即在防制、救援、安置保護及教育雛妓，俾充分保障未成年人之人格發展。然而政府這項美意，卻由於立法有欠周延、執行又有缺失，以致出現一些事與願違的現象。例如內政部所屬新竹少年之家，收容經法院裁定保護安置之少女百餘人，然該所管理方式不當，且定有多項不合理之處罰規定，結果是少女行動自由受到限制，形同監獄之待遇；又如兒童及少年性交易防制條例第十八條第二項及第三項區別處遇規定，由法院裁定安置於中途學校，或安置於兒童福利機構、少年福利機構、寄養家庭或其他適當醫療或教育機構，惟未明訂安置期間限制，也影響受安置兒童及少年之權利。

面對這些有待改進事項，一向關懷弱勢的黃委員自動調查本案後，於九十一年五月二十二日及二十三日實地前往台北市立廣慈博愛院、內政部新竹少年之家及內政部雲林教養院，瞭解該等機構執行兒童及青少年保護安置及教育輔導等情形，並邀請陳惠馨教授及婦女救援基金會吳佩玲執行長同行；又於同年七月十五日約詢內政部及教育部相關主管人員。根據訪查所反應的意見，黃委員提出簡要調查意見如下：

一、中途學校成立後，其設置規範及員額編制迄未取得法源依據，顯有未洽。

二、內政部既已發布「內政部所屬少年教養機構學員安置輔導實施要點」，自應督導考核所屬少年之家等教養機構確實依該要點規定妥適辦理；另教育部與內政部已訂定「中途學校督導考評實施要點」，亦應依該要點規定確實辦理。

三、內政部少年之家雲林教養院輔導專業人力不足，影響輔導保護之品質及兒童及少年性交易防制條例第十八條第二項及第三項區別處遇規定之落實，內政部及教育部應就主管事項研謀改進之措施。

四、中途學校如何實施特殊教育，教育部迄未訂定相關之法律規範，核有未洽，亟待檢討改進。

五、台灣新竹地方法院八十九年度護字第六十三號及第一〇三號民事裁定，與兒童及少年性交易防制條例第十八條第二項及第三項之規定是否有違，仍有可議之處，司法院允宜查明並督促該法院檢討改進。

內政部為回應監察院的要求，曾邀集相關專家學者等召開三次研商會議，於九十一年十二月三十一日訂頒實施「內政部所屬少年教養機構考評實施要點」。

有關輔導專業人力不足部分，基於各社福機構業務性質具特殊性及專業性，行政院同意內政部將缺額納入「社福機構特種考試」，並依「各機關職務代理應行注意事項」規定僱用職務代理人。

另教育部已邀集相關專家學者研擬「中途學校實施特殊教育之課程參考綱要」，以利現行中途學校之教育推動。

從以上的點點滴滴，見證了監察院對於不幸「少女的祈禱」，也可以做一些「改進公共行政品質」的事。

●災民的血淚

八十八年九月二十一日車龍埔斷層發生台灣地區有史以來規模最大，死傷及災害最嚴重之地震，許多家庭因此流離失所、妻離子散，許多土地因此滅失或無法原地重建。

九二一大地震造成了許多百年難得一見的奇景，如地殼斷裂、土石坍塌、山崩地滑、地表抬昇、土壤液化等特殊現象，為保存這些大自然留下之遺跡，以見證地震所造成之地質活動遺址及嚴重災害，提供後世子孫作為紀念、防災及戶外環境教育之場所，經專家、學者及各級機關代表勘選四處設置為國家地震紀念地，分別為九份二山（南投縣國姓鄉）、九九峰（南投縣草屯鎮）、草嶺（雲林縣古坑鄉）及光復國中（台中縣霧峰鄉）。

其中九份二山、九九峰及光復國中三處國家地震紀念地，均已執行完畢，惟獨草嶺地區九二一國家地震紀念地，卻因橫跨雲林、嘉義二縣，且各項業務事涉不同權責單位，而遲未進行辦理。

雲林縣古坑鄉草嶺崛沓大崩山災民簡氏家族共有二十九人於震災中罹難，所有房地亦全部崩塌，已無地可資謀生，該家族私有地屬草嶺國家地震紀念地範圍，行政院九二一震災重建推動委員會及行政院農業委員會辦理紀念地規劃案，並未將該私有地納入徵收，並編列預算辦理用地取得，經簡氏家族四年多來不斷陳情協助重建家園，相關單位不僅無具體結論，反而相互推諉卸責，陷簡氏家族於苦難之中，這是九二一受災戶的血淚見證。

黃委員受理此一調查案以後，認為問題的解決，應從上游開始；亦即只要確認草嶺屬四個國家級地震紀念地之一，簡氏家族的哀怨，自可迎刃而解。因此黃委員乃於九十三年二月二十五日函請九二一震災重建推動委員會、行政院農業委員會、內政部及雲林縣政府等單位詳實說明，並於同年五月五日約請重建會丁育群副執行長、農委會林務局顏仁德局長及雲林縣政府陳武雄主任秘書等人到院接受詢問。經過深入的了解與溝通之後，黃委員切入重點，並提出糾正意見如下：

重建會及農委會對於系爭土地之徵收事宜，未能積極主動辦理，反相互推諉卸責，致迄未能有效處理解決，嚴重影響草嶺九二一地震國家紀念地之辦理期程及陳訴人等權益，實有怠失，爰依監察法第二十四條之規定提案糾正。

行政院農業委員會於九十三年五月二十七日函復監察院表示，業已函請重建會、內政部、水保局、雲林縣政府等相關單位，派員成立草嶺地震國家紀念地土地徵收、撥用等相關作業推動小組，進行相關規劃建設以及土地徵收推動事宜；農委會林務局將提出五二〇公頃範圍紀念地興辦計畫，優先建立紀念碑、安全設施及解說牌。

在此一回覆下，簡氏家族將近一千八百個血淚日子，將可望早日獲得解決。

●駕駛人的悲歌

九十二年五月十五日貨車駕駛吳○慶裝載十五桶汽油，開車衝撞交通部引火自焚；同年六月二日又有計程車司機吳○仁駕車衝撞基隆市警察局交通隊自

焚。連續兩起職業駕駛人駕車衝撞政府交通主管機關自焚，均起因於交通罰單過於浮濫，導致職業駕駛人無法負荷。

根據報載：台灣地區駕駛人每年接獲交通違規罰單的比例高居世界第一，平均每人每年一・五張，被罰新台幣一千一百元。這個現象，加上職業駕駛人連續以悲恨壯烈、激烈抗爭之自焚方式，向社會表達最強烈抗議，深深激盪黃委員的內心，認為對於現行駕駛違規罰單之相關法令規定、實際執行情形、以及對社會治安之影響，均有深入調查瞭解之必要。

黃委員於九十二年六月十六日、十七日，分別邀請計程車業界、大型貨運車業界、駕駛工會及商業同業公會舉行座談，聽取在第一線工作者的心聲；同年七月二十三日及八月

通濫罰　政府提款機?!

監院糾正交通部、警政署　罰單滿天飛引發民怨　交通警察執行過當　擴大罰則

交通濫罰取締過當　監院糾正

扭曲的政策　小市民當祭品

罰鍰預算編列浮濫

警政署：虛心接受檢討改

通濫罰遭糾正

民怨高漲　監委：開罰應適

一支測速機一年進帳逾億　罰單仍以超速、違規

監院批交通罰鍰太賺

交通部虛心接受

正民衆守法　罰鍰立意

二十一日就高速公路、台北縣市及高雄市各大交通違規地點進行履勘，同年八月二十七日約詢交通部及內政部警政署等相關人員。

位於台北市重慶北路四段高速公路交流道下方之測速照相器，因設在橋墩下，位置隱密，且預警告示時間不足，九十二年拍了四萬張違規照相；相距不到兩百公尺之測速桿，拍到近三萬張違規照相，總計兩支測速桿當年超速罰單收入就高達一億二千萬元；另外，交通警察常採取偷偷拍照方式取締違規；或在台北車站前、新光三越百貨公司、和忠孝東路ＳＯＧＯ百貨公司等人潮聚集之處取締臨時停車。凡此種種，均顯有陷駕駛人於犯法之境地，殊不合理。經委員實地履勘後，前述測速照相機位置挪移至較醒目位置，取締違規方式亦調整修正，確實達到立竿見影之效果。

關於本案，黃委員根據調查綜整提出簡要調查意見如下：

一、「道路交通管理處罰條例」近年歷經三次修法，惟修法未盡縝密，導致主管機關政策錯誤，造成交通罰鍰預算編列浮濫，基層機關執行過當，致民怨高漲甚至譜出駕駛人之悲歌，相關主管機關實難辭其咎。

二、國內相關之交通工程管制措施未能符合實際需求，其「適當性」及「合理性」有待檢討。

三、交通違規罰則之相關法令制訂與修改，除堅持立法精神外，應兼顧其適法性與合理性，對於業者之意見與心聲，更應重視與傾聽。

四、交通罰則係交通管理之手段而非目的，針對民眾詬病之取締方式，如隱密執法、逕行舉發，引發民怨與不滿，應予檢討。

五、交通罰鍰收入應從嚴落實專款專用之機制，俾用以改善交通行駛環境。

六、現行交通罰鍰獎金分配制度，造成民眾誤解稽查獎金與取締績效水漲船高之聯想，而質疑員警開單之動機，應予檢討改進。

七、現行申訴制度與裁罰救濟程序確有「球員兼裁判」之虞，亟待建立標準申訴、異議處理作業程序，以化解民眾之疑慮。

八、相關單位應加強民眾法治觀念教育及宣導，用以導正路人之正確觀念，以為降低交通罰單及減少交通事故傷亡人數，方為正本清源之策。

九、交通員警支援特種警衛勤務之人力應建立合理制度。

本案經本院糾正及不斷要求下，行政院已督促所屬機關進行改善，其中包含：

一、當法令與規定之修改：「道路交通管理處罰條例部分條文修正草案」業經行政院審議通過，於九十二年十月二十四日送立法院審議中。並訂頒「警察機關舉發交通違規應注意事項」等規定。

二、交通罰鍰預算編列合理化：九十三年度編列之交通罰鍰預算，已有十五縣市較九十二年度減少。

三、單總數降低：九十二年七、八月取締違規數及逕行舉發數，均較九十一年同期明顯減少。

四、降低非因駕駛人疏失之罰單：交通部及內政部已全面檢討測速照相地點之適當性及合理性；及全面檢討各級道路速限。

環保人權

我國自古以農立國，凡百庶政，莫不以農為本，兼以台灣地狹人稠，土地資源有限，原經其涵容能力及自淨作用，仍能維持自然原貌，提供既有功能，惟隨著六、七〇年代社會經濟快速發展，農業資材及工業製程使用及產生的化學物質日趨複雜，加上台灣地區早期土地利用規劃不當，農地工廠區位雜陳林立，復因環保署當時側重解決街道垃圾及空氣污染問題，欠缺土壤及地下水保育永續發展理念，致土壤污染管制法令及管理制度遲至八十九年方建制完成，肇致台灣地區土壤污染問題長期未獲重視，農作物食用安全不無疑慮。

●雲林鎘污染案

九十年，報載雲林縣虎尾地區農地經檢測遭鎘污染，相關機關未妥適處理，致所種植水稻已遭販售，部分下落不明，引發社會大眾疑慮，而該受污染農地仍有種植農作物等情，黃委員乃針對農業委員會、環境保護署及雲林縣政府等相關機關，對鎘污染農地的監控檢測、受污染農作物的追蹤管制與彼此間的協調配合及善後處置有無違失不當等進行調查。

為瞭解雲林縣虎尾地區農地遭鎘污染等情，黃委員曾於九十年九月十三日親赴當地實地履勘，聽取行政院農委會、環保署及雲林縣政府等相關機關簡報，並於同年十一月二十日約詢農委會李健全副主任委員、環保署張祖恩副署長、雲林縣政府農業局張明聰局長、環保局顏嘉賢局長及前述各機關相關主管及承辦人員。

黃委員根據調查綜整提出簡要調查意見如下：

一、農委會未確實掌握稻穀檢驗時程致污染稻穀流出，復未積極督導協助雲林縣政府查處本案，造成國人疑慮不安，實有未洽。

二、雲林縣政府未積極查處轄內稻米遭鎘污染情事，行事草率消極，顯有怠失。
三、環保署及農委會應會商建立土壤污染及食用農作物檢驗配合機制。
四、行政院應儘速邀集相關機關研商律定污染農地強制休耕補償原則及經費來源，以利執行。
五、環保署應續追查確認本案污染源，依法採取必要措施。
六、農委會應列舉國人食用多及產量大的農作物項目，建議相關機關研訂食品衛生管制標準，以維護國人飲食安全。

本案經監察院糾正後，並幾度追蹤的結果，關於研擬增修食米鎘鉛衛生管制標準，行政院衛生署於九十三年三月五日發布修正食米重金屬限量標準，增訂鉛限量為〇・二ppm；關於受污染農地停耕補償後續經費來源，依行政院九十二年十一月二十八日協商會議決議：環保機關依「土壤及地下水污染整治法」，公告為污染控制場址或污染整治場址農地，所進行污染改善、整治工作及管制措施，其所需支出費用原則上應由環保機關負擔，如其可歸責於污染土地關係人或污染行為人者，仍應依規定向污染行為人求償；環保機關完成整治農地，後續進行休養生息的休耕及土地使用復育事宜，由行政院農業委員會依「土壤及地下水污染整治法」第二十條第三項規定辦理，所需經費由該會相關經費支應。

●彰化農地污染案

依據行政院環境保護署對全國三一九公頃列為第五級重金屬污染農地，進行以坵塊為單位的調查結果，超過土壤污染管制標準的農地面積，總計二四一・八八公頃，其中以鎳、銅、鉻及鋅等四種重金屬污染為主；而以污染面積比重而言，彰化縣為最多數，共約一七八・七三公頃，占七三・八九％。

九十一年，據陳中和等人陳述，彰化縣轄內農地土壤遭重金屬污染情形居全國首位，相關單位對此污染情形長期漠視縱容，涉有違失，黃委員因而再次主動進行調查。

為瞭解彰化縣轄內農地土壤重金屬污染情形，黃委員曾於九十一年七月三十日函請彰化縣政府、行政院環境保護署、行政院農業委員會與經濟部等相關機關就有關事項詳實說明，並檢附佐證資料，並於同年九月十六日親赴彰化縣遭重金屬污染農地現場履勘，同年十月八日約詢彰化縣政府、台灣省彰化農田水利會、農委會、環保署、工業局、水利署及衛生署相關主管人員。

黃委員根據調查綜整提出簡要調查意見如下：

台灣地區農地遭受重金屬污染面積達二四一・八八公頃，其中尤以彰化縣最為嚴重，行政院未善盡督導責任；經濟部、農業委員會及環境保護署對於事業廢水排放灌溉渠道，未能積極管理，採取有效管制措施，放任含有重金屬廢水污染農田；衛生署與農委會亦疏於執行行政院「台灣地區土壤污染防治工作推動計畫」載明的權責分工事項，並忽視糾正案促其改善的要求，未能儘速研訂食用作物遭受環境污染的安全預警值，致農作物食用安全難以確保；彰化縣政府長期以來未善盡轄內違章工廠查報取締責任，肇致農地遭受重金屬嚴重污染，經核上開機關均顯有違失，爰依監察法第二十四條提案糾正。

針對本案糾正事項，從地方到中央政府都有具體回應。彰化縣政府已於九十一年十二月二十四日訂定發布「彰化縣政府執行未登記工廠查核基準」，以作為未能依法令補辦工廠登記及拒不遷廠的違章工廠查處標準，除列管本案違章工廠，並輔導協助廠商進駐工業區；彰化縣政府開始逐步推展彰化市及二林鎮污水下水道建設；行政院環保署研訂「灌溉溝渠底泥處置作業行政指引」，供地方執行參考；行政院農業委員會針對流入及介入灌溉渠道水體的申請規定，已檢討修正台灣省灌溉事業管理規則；行政院衛生署亦已研訂發布食米、動物臟器、根菜含鉛量標準。

●台南安順廠案

九十二年，據晁瑞光陳訴，行政院環保署處理中國石油化學工業開發股份有限公司台南安順廠遭戴奧辛污染嚴重案件，未能切實依法查處，罔顧民眾財產生命安全等情，得知相關事實後，黃委員主動提案調查。

經查中國石油化學工業開發股份有限公司（下稱中石化公司）台南安順廠（下稱中石化安順廠），其設廠營運的三〇至七〇年代間，國內尚缺乏環境保護意識，尤其缺乏土壤及地下水保育永續發展理念，相關環境保護法令的制定及管理制度均付之闕如，致該廠製程產生的諸多副產物及有害事業廢棄物如汞、戴奧辛及五氯酚等隨意排放棄置，經長期環境累聚及生物鏈影響，除造成該廠及周遭環境土壤、地下水體、地面水體及底泥遭受嚴重污染外，附近居民血中戴奧辛含量偏高，亦有相當證據足證遭該廠污染影響之虞。

其間黃委員為瞭解中石化台南安順廠戴奧辛污染情形，曾於九十二年三月二十四日分別函請台南市政府、經濟部、行政院環境保護署、行政院衛生署、內政部營建署重機械工程隊等相關機關就有關事項詳實說明，並檢附佐證資料，並於同年六月二十五日親赴中石化台南安順廠污染場址現場履勘，除諮詢國立中山大學邱文彥教授等專家學者意見外，並聽取陳訴人訴求，以及詢問台南市政府許添財市長、許陽明副市長、環境保護局、衛生局、工務局、建設局、安南地政事務所、國營會吳豐盛執行長、侯庸主任、環保署張祖恩副署長、水質保護處鄭顯榮處長、內政部營建署南區工程隊及中石化公司等相關主管人員。

黃委員根據調查綜整提出簡要調查意見如下：

一、經濟部無視法令並輕忽污染行為人及國營事業等多重主管機關職責，任令中石化安順廠的污染持續惡化擴大迄難處理，肇致環境嚴重破壞並損及民眾健康，行事消極怠慢，洵有重大違失。

二、台南市政府未落實中石化安順廠污染處理地方主管機關職責，遲未進行污染評估、調查及檢測作業，肇致污染範圍及程度迄難確定，復未積極劃設、公告污染管制區，致人為活動未受限制有遭污染影響之虞，均有未當。

三、環保署未本於中央環境保護主管機關職責，主動積極進行中石化安順廠污染調查評估及處理工作，對於地下水及土壤污染管制區的劃設範圍，未能研擬規範原則，不無衍生爭議之虞，均難謂有當。

四、經濟部及台南市政府應儘速會同衛生署就中石化公司台南安順廠周遭居民血液戴奧辛濃度偏高事實，善盡追蹤養護之責，以維民眾健康。

五、行政院允宜督促相關主管機關就中石化安順廠污染處理案有關專家學者所提意見及民眾關心的建議暨要求事項，積極研議妥處，並應促請經濟部督飭中石化公司儘速完成中石化安順廠及周遭環境污染的處理及整治，以確保土地及地下水資源的永續利用。

本案經監察院糾正，並列管追蹤後，經濟部即於九十二年十月十四日邀集行政院衛生署、台南市政府、中油公司、中石化公司及台鹽公司開會研商污染整治策略；同時，經濟部、台南市政府及環保署也依調查意見積極督促中石化公司進行本案工廠廠區、廠外土壤及地下水污染整治作業，目前污染程度及範圍已獲控制；此外，為對本案工廠周遭居民血液戴奧辛濃度偏高者，善盡追蹤照顧之責，行政院衛生署及環保署亦已委託成功大學進行「台南市中石化安順廠附近居民流行病學及健康照護研究」。

參、教育資源案

台灣的民主雖已建立，但尚未鞏固；民主如要鞏固，則有賴教育的深根與普及。基於這種體認，教育一直是黃煌雄委員五年多來不斷探索、努力精進的其中一個領域。

從八十三年的「四一〇教育改造運動」起，到八十五年由教育改革審議委員會所提出的「教育改革總諮議報告書」（以下簡稱「總諮議書」），到八十七年教育部所確立的「教育改革行動方案」（以下簡稱「教改方案」），台灣可謂經歷十年教改的風風雨雨。這十年教改將台灣的教育面貌帶入新的階段，也面臨新的挑戰。

教育預算分配結構的解析

預算是庶政之母，沒有預算，施政將淪為空談。黃委員在立委任內，曾推動「改變中央政府總預算分配結構的新方向」，要求國防預算逐年降低，將其所釋放出來的預算，轉用到教育文化、社會福利及環保三方面，並有著立竿見影的影響（教育預算自七十九年度起，五年之內，快速增加）；進入監察院以後，黃委員也曾對「國防部所屬預算分配結構之檢討」進行調查；本來，黃委員認為有關教育部所屬預算分配結構之檢討，輪不到他來做，但由於長期以來，監察院一直未有委員做過深入調查，黃委員乃繼中央政府總預算分配結構之檢討、國防部所屬預算分配之檢討之後，進行教育部所屬預算分配結構檢討之調查（以下簡稱「教育分配」案）。

「教育分配」案純從預算的觀點，將二十年來教育部主管的預算及其分配，依據統計資料，作客觀的分析，並讓數字說話，這是近年來難得一見的對教育資源分配所作最有系統的檢討：

■占ＧＤＰ及中央總預算比率

近二十年來（七十三年至九十二年）教育部主管預算占ＧＤＰ及中央政府歲出預算總額之百分比（見表一）及其趨勢圖（圖一）分析如下：

一、由表一及圖一可看出，ＧＤＰ從七十三年度之新台幣（下同）二兆三、四三〇・七八億元，逐年成長至九十二年度之九兆八、四七五・五五億元，成長幅度係三二〇・二八％；中央政府歲出預算總額自七十三年度之三、二三一・四五億元，成長至九十二年度之一兆六、二七九・七億元，增加幅度為四〇三・七九％，大於ＧＤＰ之成長幅度；教育部主管預算則從七十三年度之一六三・二億元，逐步增至九十二年度的一、四五七・九億元，成長幅度高達七九三・三二％，增幅較ＧＤＰ及中央政府歲出預算總額為大，顯示教育經費二十年來的成長。

二、受到黃委員所推動改變中央政府總預算分配結構的新方向之影響，教育部主管教育預算占中央政府歲出預算總額之比率，由原先之七％左右，自七十九年度起增至約

表一　教育資源分配占GDP及中央總預算比率（73～92年度）

年度	教育部主管預算（億元）	教育部主管預算加計原省府教育預算（億元）	GDP（億元）	教育部主管預算占GDP之百分比（%）	中央政府歲出預算總額（億元）	教育部主管預算占中央政府歲出預算總額之百分比（%）
73	163.20	249.13	23,430.78	0.70	3,231.45	5.05
74	205.80	295.79	24,737.86	0.83	3,592.80	5.73
75	244.00	345.12	28,551.80	0.85	4,123.24	5.92
76	278.50	391.02	32,370.51	0.86	4,320.57	6.45
77	342.70	462.46	35,231.93	0.97	4,821.45	7.11
78	399.60	537.08	39,388.26	1.01	5,615.70	7.12
79	542.50	699.70	43,070.43	1.26	6,927.07	7.83
80	646.30	826.01	48,107.05	1.34	8,272.32	7.81
81	824.10	1,053.31	53,389.52	1.54	9,812.19	8.40
82	1,197.00	1,229.07	59,183.76	2.02	10,707.18	11.18
83	1,223.90	1,253.76	64,636.00	1.89	10,647.77	11.49
84	976.90	1,279.34	70,179.33	1.39	10,292.18	9.49
85	1,010.30	1,344.55	76,781.26	1.32	11,348.29	8.90
86	964.60	1,344.27	83,287.80	1.16	11,942.61	8.08
87	1,023.90	1,405.48	89,389.67	1.15	12,252.65	8.36
88	1,122.20	1,517.96	92,899.29	1.21	13,171.97	8.52
89	1,562.80	1,562.80	96,633.88	1.62	15,431.79	10.13
90	1,500.90	1,500.90	95,066.24	1.58	16,370.79	9.17
91	1,530.70	1,530.70	97,488.11	1.57	15,907.38	9.62
92	1,457.90	1,457.90	98,475.55	1.48	16,279.70	8.96

註：89年資料係88下半年及89年度折合一年計算而得；教育部主管預算及中央政府歲出預算總額係會計年度資料、國內生產毛額（GDP）係年資料。

八%，逐年增至八十三年度占一一・四九%。

三、教育部主管預算於八十九年度達到一、五六二・八億元之新高峰，其後的三個年度（九十年度至九十二年度）則從過去年度之穩定成長轉變為遞減狀態；加上法律義務支出的增加，教育部主管預算顯已面臨新的困境。

■預算分配結構

教育部主管之年度預算，主要分配項目包括：高等教育、中等教育、國民教育及幼稚教育、社會教育、獎助私立學校、退休撫卹給付等項，近二十年其分配數及所占年度教育預算之百分比（見表二）；近二十餘年教育部主管預算項下各分配結構之經費數額

圖一　教育部主管預算、教育部主管預算加計原省府教育預算、中央政府歲出預算總額及國內生產毛額趨勢圖（73～92年度）

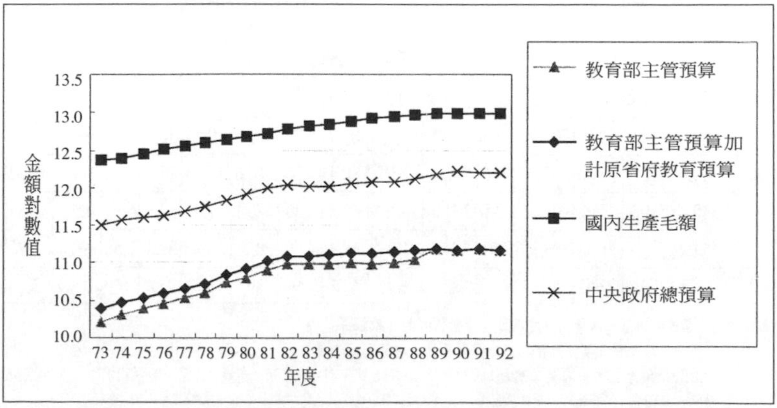

表二　教育部主管預算分配結構表（73～93年度）

年度	教育部主管	高教經費		中教經費		國教及幼教經費		社會教育經費		獎助私校經費		退休撫卹給付經費		其他經費	
	預算（億元）	預算（億元）	占教育部預算之百分比（%）	預算（億元）	占教育部預算之百分比（%）	預算（億元）	占教育部預算之百分比（%）	預算（億元）	占教育部預算之百分比（%）	預算（億元）	占教育部預算之百分比（%）	預算（億元）	占教育部預算之百分比（%）	預算（億元）	占教育部預算之百分比（%）
73	163.2	108.5	66.48	3.2	1.96	6.1	3.74	9.9	6.07	7.0	4.29	0.0	0.00	28.6	17.52
74	205.8	131.3	63.80	6.5	3.16	9.5	4.62	9.9	4.81	8.1	3.94	0.0	0.00	40.5	19.68
75	244.0	151.7	62.17	7.5	3.07	9.6	3.93	10.9	4.47	9.2	3.77	0.0	0.00	55.0	22.54
76	278.5	188.3	67.61	9.3	3.34	9.7	3.48	13.9	4.99	10.2	3.66	0.0	0.00	47.2	16.95
77	342.7	241.1	70.35	9.0	2.63	16.5	4.81	29.2	8.52	11.9	3.47	0.0	0.00	35.0	10.21
78	399.6	258.2	64.61	14.1	3.53	41.0	10.26	30.9	7.73	15.1	3.78	0.0	0.00	40.3	10.09
79	542.5	322.6	59.47	17.8	3.28	82.3	15.17	40.0	7.37	21.3	3.93	0.0	0.00	58.5	10.78
80	646.3	344.7	53.33	13.9	2.15	104.4	16.15	48.4	7.49	35.4	5.48	13.1	2.03	86.5	13.38
81	824.1	450.2	54.63	15.3	1.86	155.7	18.89	42.7	5.18	48.1	5.84	14.3	1.74	97.7	11.86
82	969.9	476.1	49.09	14.8	1.53	269.5	27.79	48.9	5.04	58.9	6.07	11.5	1.19	90.2	9.30
83	981.0	475.9	48.51	14.8	1.51	278.3	28.37	50.2	5.12	59.7	6.09	12.5	1.27	89.6	9.13
84	976.9	473.2	48.44	21.1	2.16	267.2	27.35	46.7	4.78	65.4	6.69	13.9	1.42	89.4	9.15
85	1,010.3	466.1	46.13	21.0	2.08	269.6	26.69	45.9	4.54	70.4	6.97	24.5	2.43	113.0	11.18
86	964.6	508.1	52.67	21.2	2.20	190.8	19.78	71.8	7.44	84.7	8.78	34.5	3.58	53.4	5.54
87	1,023.9	494.5	48.30	26.6	2.60	193.9	18.94	56.5	5.52	104.7	10.23	33.4	3.26	114.5	11.18
88	1,122.2	476.2	42.43	27.1	2.41	318.3	28.36	60.0	5.35	124.6	11.10	34.8	3.10	81.2	7.24
89	1,562.8	510.9	32.69	360.5	23.07	270.5	17.31	81.9	5.24	163.5	10.46	75.5	4.83	100.1	6.41
90	1,500.9	510.3	34.00	397.6	26.49	146.6	9.77	80.4	5.36	174.0	11.59	77.7	5.18	114.4	7.62
91	1,530.7	530.9	34.68	427.0	27.90	131.7	8.60	68.5	4.48	180.1	11.77	87.5	5.72	105.1	6.87
92	1,457.9	517.9	35.52	393.8	27.01	104.5	7.17	68.4	4.69	200.1	13.73	82.8	5.68	90.4	6.20
93	1,401.3	499.3	35.63	388.4	27.72	85.9	6.13	63.1	4.50	189.6	13.53	93.8	6.69	15.9	1.13

註：(1)「其他」項下包括資訊科技教育、籌設國立教育機構等經費。

(2) 獎助私校經費及籌設國立教育機構經費主要用於高等教育。

(3) 迄92學年度止，全國大學院校計142所、五專16所、高中308所、高職164所、國中720所、國小2,638所、幼稚園3,306所。

增減趨勢（圖二）；近二十年教育部主管預算項下各分配結構之經費數額占預算總額比率之變動趨勢（圖三）；分析如下：

一、高等教育預算之數額雖逐年成長，但其占教育部主管預算之比率卻呈現下降之現象。相對地，國教及幼教經費之數額或其占教育部主管預算之比率則均呈倍數之增加。惟自九十年度起，為配合財政劃分法之修正，以及行政院提升地方財政自主政策，將特定教育補助經費移列做為行政院對地方一般地方教育補助款之財源，故國教及幼教經費數額及其占教育部主管預算比率業逐年下降。

二、中等教育經費近二十年來占教育部主管預算，在八十九年前均維持在一・五％至三・五％之間；惟為配合精省，自八十九年度起，將原屬台灣省教育廳主管之各省立高中、職學校等教育經費，併入教育部主管預算，致該比率遽增至二〇％以上。有關精省前、後之預算編列狀況，請見表三。

由表三可看出，精省後學校數雖由原一六二所增為一七六所，但經費確有減少之現象，其中尤以資本門為然；精省後已由八十八年度之一百餘億元驟減至八十九年度之三十餘億元，至九十三年度更減少至十餘億元，減少幅度高達八三・七六％，嚴重影響中等教育教學環境之品質。

圖二　教育部主管預算結構金額趨勢圖（73～93年度）

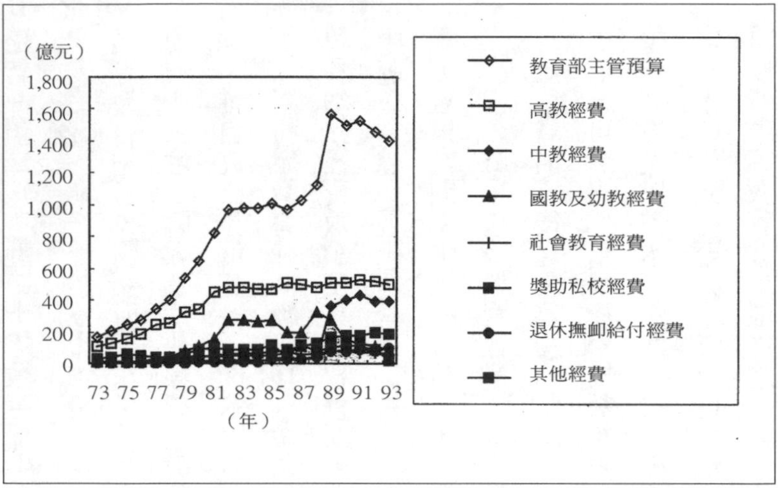

圖三　教育部主管預算結構比率趨勢（73～93年度）

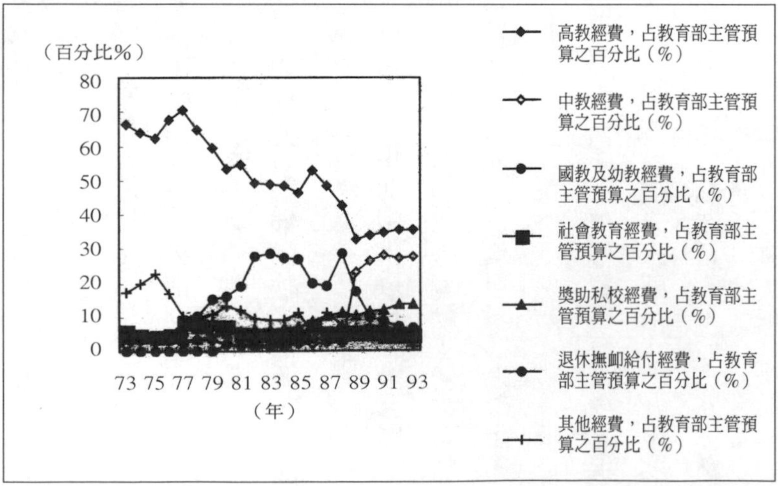

表三　中等教育經費精省前後之預算編列（73～93年度）

	前省府教育廳或教育部中教			各國立中等教育學校			總 計（單位：千元）		
	經常門	資本門	合計	經常門	資本門	合計	經常門	資本門	合計
73	1,044,496	816,991	1,861,487	5,866,783	865,193	6,731,976	6,911,279	1,682,184	8,593,463
74	724,356	1,145,336	1,869,692	6,023,705	1,105,476	7,129,181	6,748,061	2,250,812	8,998,873
75	745,843	1,270,455	2,016,298	6,689,504	1,406,148	8,095,652	7,435,347	2,676,603	10,111,950
76	825,344	1,184,985	2,010,329	7,779,093	1,462,411	9,241,504	8,604,437	2,647,396	11,251,833
77	838,542	1,440,993	2,279,535	8,101,448	1,594,605	9,696,053	8,939,990	3,035,598	11,975,588
78	906,696	1,580,498	2,487,194	9,259,640	2,001,459	11,261,099	10,166,336	3,581,957	13,748,293
79	1,066,473	1,264,930	2,331,403	10,246,325	3,141,855	13,388,180	11,312,798	4,406,785	15,719,583
80	1,228,437	853,529	2,081,966	11,902,972	3,986,190	15,889,162	13,131,409	4,839,719	17,971,128
81	1,350,085	2,116,708	3,466,793	14,418,153	5,035,858	19,454,011	15,768,238	7,152,566	22,920,804
82	2,604,495	1,073,117	3,677,612	16,579,740	5,659,937	22,239,677	19,184,235	6,733,054	25,917,289
83	1,796,163	1,127,561	2,923,724	18,043,819	6,308,309	24,352,128	19,839,982	7,435,870	27,275,852
84	2,131,578	1,108,618	3,240,196	19,640,612	7,363,181	27,003,793	21,772,190	8,471,799	30,243,989
85	2,391,839	1,962,026	4,353,865	20,787,225	8,284,370	29,071,595	23,179,064	10,246,396	33,425,460
86	2,803,366	2,892,535	5,695,901	23,620,595	8,650,660	32,271,255	26,423,961	11,543,195	37,967,156
87	3,184,187	3,558,212	6,742,399	24,395,773	7,017,565	31,413,338	27,579,960	10,575,777	38,155,737
88	3,139,387	2,942,511	6,081,898	24,979,748	8,514,634	33,494,382	28,119,135	11,457,145	39,576,280
89	5,202,951	1,370,877	6,573,828	27,105,651	1,822,579	28,928,230	32,308,602	3,193,456	35,502,058
90	6,557,817	841,349	7,399,166	31,380,065	1,374,117	32,754,182	37,937,882	2,215,466	40,153,348
91	8,426,317	153,016	8,579,333	33,149,544	1,176,366	34,325,910	41,575,861	1,329,382	42,905,243
92	7,425,506	647,697	8,073,203	31,665,910	934,666	32,600,576	39,091,416	1,582,363	40,673,779
93	7,074,881	415,261	7,490,142	30,907,867	1,444,958	32,352,825	37,982,748	1,860,219	39,842,967

註：88年度精省時之省立高中、職爲162所，迄93年度增爲176所。

三、為因應私立學校數及學生數的增加，以及學生學雜費貸款利息補助的大幅增加，以落實平衡公私立學校教育資源之政策，獎助私校經費占教育部主管預算之比率，在八十年度前約在四％以下，從八十年度起提升至五％以上，自八十六年度至九十三年度更升高至八％，甚至一〇％以上；補助數額由七十三年度約七億元，增至九十三年度將近一百九十億元。

■每位學生平均的教育資源

我國教育預算資源按其分配結構，依各該結構原學生人數平均分配之結果，得出各級學校每位學生平均每年享有之政府教育資源狀況（見表四）；上項各級學校每位學生平均每年之政府教育資源狀況之趨勢（見圖四）；分析如下：

一、由表列數據可看出，國中以前之各級學校學生人數，自七十三學年度以來之增加雖有限，甚有減少現象，惟其每位學生平均享有之政府教育資源卻呈現多倍數之成長；反觀高中、職以上之各級學校學生人數雖增加快速，但其每位學生平均享有之政府教育資源卻增加有限；此一趨勢反應出政府教育資源分配有偏頗現象。

二、具體而言，七十三學年度時每位學生平均享有之政府教育資源，分別為國中、小學生約二萬元，高中生約三萬元，技職專科生有四、五萬元，大學生則為九萬元；亦即國中、小與高中及技職專科間之差距約在各一萬元左右，大學生則為渠等之二至四倍之間。到了九十學年度，國中、小每位學生約在十萬元上下，大學生則為十六萬元，差距已不到一倍；而高職與專科學生則僅八萬元左右，已比國中、小學生為少；這些均反應出政府教育資源分配上已出現不平衡的現象。

■中央與地方的相反方向趨勢

一、國民教育法第十六條規定：「政府辦理國民教育所需經費，由直轄市或縣(市)政府編列預算支應……中央政府應視國民教育經費之實際需要補助之。」有關近二十年來，各級政府教育經費編列情形，請見表五。

圖四　各級學校每位學生平均每年享有之政府教育資源趨勢圖（73～90年度）

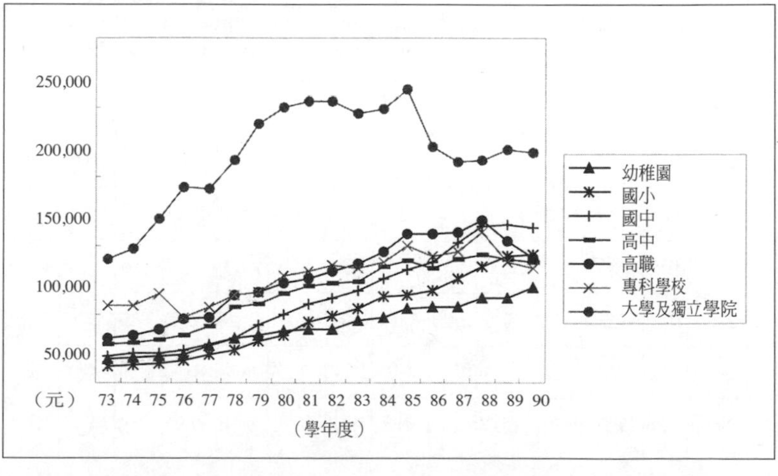

表四　各級學校每位學生平均每年享有之政府教育資源狀況（73～90年度）

學年度	幼稚園		國小		國中		高中		高職		專科學校		大學及獨立學院	
	人數	每生分攤經費(元)	人數	每生分攤經費(元)	人數	每生分攤經費(元)	人數	每生分攤經費(元)	人數	每生分攤經費(元)	人數	每生分攤經費(元)	人數	每生分攤經費(元)
73	234,172	17,092	2,273,390	12,487	1,077,732	19,869	192,360	28,073	407,832	32,574	227,492	56,260	176,824	89,704
74	234,674	18,878	2,321,700	13,354	1,062,226	21,230	194,757	29,869	421,784	34,342	236,824	56,888	191,752	97,666
75	238,428	19,241	2,364,438	13,765	1,052,993	22,225	200,599	31,606	437,924	39,356	244,482	64,689	198,166	119,285
76	250,179	21,022	2,400,614	16,424	1,053,923	23,854	206,019	34,602	447,328	47,274	256,610	48,066	208,054	142,284
77	248,498	26,840	2,407,166	20,489	1,088,890	27,900	208,994	41,322	444,232	47,958	271,710	55,549	224,820	140,782
78	242,785	32,296	2,384,801	24,416	1,125,238	32,921	204,457	55,041	438,140	64,105	293,204	64,215	241,860	161,547
79	237,285	34,788	2,354,113	29,979	1,160,180	42,250	209,010	57,642	449,111	66,350	315,169	66,050	261,454	188,484
80	235,099	38,020	2,293,444	34,745	1,176,402	49,562	218,061	64,897	475,852	72,909	332,127	78,027	280,249	200,211
81	231,124	39,320	2,200,968	44,655	1,179,028	58,090	229,876	70,550	500,721	75,851	348,803	81,729	304,359	204,730
82	237,779	38,789	2,111,037	48,717	1,187,370	62,081	238,660	72,530	515,211	81,901	367,373	85,954	321,812	204,795
83	235,150	45,405	2,032,361	54,391	1,177,352	67,887	245,688	73,647	523,982	87,037	378,860	83,786	341,320	195,870
84	240,368	47,606	1,971,439	62,699	1,156,814	76,342	255,387	84,310	523,412	95,863	394,751	87,792	356,596	198,611
85	235,830	54,019	1,934,756	64,432	1,120,716	82,244	268,066	89,060	520,153	108,737	412,837	100,096	382,710	213,401
86	230,781	55,026	1,905,690	67,728	1,074,588	88,442	291,095	83,616	509,064	108,639	433,865	92,192	422,321	171,730
87	238,787	55,652	1,910,681	75,615	1,009,309	102,568	311,838	90,260	493,055	109,726	452,346	95,998	463,575	160,713
88	232,610	61,923	1,927,179	84,696	957,209	113,833	331,618	93,773	467,207	118,568	457,020	109,253	537,263	162,184
89	243,090	62,342	1,925,981	92,549	929,534	115,454	356,589	90,647	427,366	103,072	444,182	88,231	647,920	169,906
90	246,303	69,583	1,925,491	93,380	935,738	113,307	370,980	88,024	377,731	91,233	406,841	83,538	780,384	166,860

表五　各級政府教育經費編列情形（73～92年度）　　（單位：億元）

年度	中央政府	台北市政府	高雄市政府	台灣省政府	各縣市政府	各鄉鎮	金門馬祖	合計
73	163.2	129.9	47.0	183.7	358.0	5.9	4.4	892.1
74	205.8	145.5	52.2	202.2	387.5	6.0	4.3	1,003.5
75	244.0	163.8	60.7	229.4	420.7	6.5	4.4	1,129.5
76	278.6	164.5	62.1	236.7	436.7	7.1	4.6	1,190.3
77	342.7	183.5	62.1	261.1	498.0	7.7	4.6	1,359.7
78	399.6	206.9	79.1	319.3	612.1	9.1	4.8	1,630.9
79	542.5	214.8	92.4	456.7	699.5	11.6	6.1	2,023.6
80	646.3	267.6	112.4	536.7	895.1	10.2	6.6	2,474.9
81	824.1	292.2	130.3	631.2	1,001.9	12.9	7.6	2,900.2
82	969.9	320.7	145.0	695.0	1,169.6	15.7	8.7	3,324.6
83	981.0	305.3	163.4	746.5	1,269.9	23.4	11.0	3,500.5
84	976.9	314.1	170.5	796.1	1,377.1	22.2	12.1	3,669.0
85	1,010.3	401.6	175.8	866.7	1,576.7	30.9	13.9	4,075.9
86	964.6	434.2	175.3	922.5	1,663.8	30.9	17.8	4,209.1
87	1,023.9	457.3	172.1	945.2	1,683.2	30.8	21.7	4,334.2
88	1,122.2	473.4	191.1	847.8	1,771.6	37.4	21.3	4,464.8
89	1,562.8	482.4	205.5	336.7	1,821.0	不計算	17.9	4,426.3
90	1,500.9	496.4	206.8	併中央	1,935.8	不計算	17.2	4,157.1
91	1,530.7	513.9	231.2	併中央	2,136.3	不計算	23.0	4,435.1
92	1,457.9	519.6	227.2	併中央	2,063.6	不計算	20.0	4,288.3

二、自教育經費編列與管理法於八十九年底公布一年後施行起，其施行前、後之近五年中央及地方政府會計之教育總預算編列結構，請見表六。

三、教育經費編列與管理法第四條第一項及第二項分別規定：「直轄市、縣（市）政府應依憲法增修條文第十條第十項規定，優先編列國民教育經費。」「中央主管教育行政機關對於直轄市、縣（市）政府辦理國民教育績效優良者，或國民教育經費支出占該直轄市、縣（市）政府決算歲出比重成長較高者，於分配特定教育補助時，應提撥相當數額獎勵之」，揆其立法旨意即在於保障國民教育經費，並鼓勵地方政府以積極態度從事國民教育之政務。該法自施

表六　教育總預算編列結構（89～93年度）　　（單位：億元、%）

年度／結構項目	89		90		91		92		93	
	金額	百分比	金額	百分比	金額	百分比	金額	百分比	金額	百分比
高等教育	741.32	18.5	763.87	18.7	770.71	17.6	765.56	18.1	730.34	16.7
中等教育	393.65	9.8	434.63	10.6	429.00	9.8	406.74	9.6	398.43	9.1
國民及幼稚教育	2,785.48	69.4	2,781.35	68.0	3,066.44	70.0	2,952.27	69.7	3,044.22	69.7
社會教育	15.46	0.4	21.31	0.5	15.84	0.4	14.00	0.3	13.89	0.3
退休撫卹	74.51	1.9	80.93	2.0	87.54	2.0	82.79	2.0	93.84	2.1
其他	4.95	0.1	10.98	0.3	11.21	0.3	11.3	0.3	11.45	0.3
教育總經費	4,015.37	100.0	4,093.07	100.0	4,380.74	100.0	4,232.66	100.0	4,292.17	100.0

註：表列預算數包含追加減與特別預算在內。

行起，九十一年至九十三年中央及地方政府教育經費編列情形，請見表七。

由表七可知，九十一年度至九十三年度各級政府所需預算編列下限分別為四、二四三億元，四、一二七億元及三、九六七億元，呈現下滑趨勢，主要係據以計算之各級地方政府歲入淨額決算數下滑所致，因此各級地方政府依法應編列之年度教育經費逐年降低，中央政府為彌補其不足，乃增加對地方政府教育經費之補助，三年來，分別編列四三五億元、五二四億元及六四二億元，占地方政府教育經費總額已四分之一強，透露出地方政府對於中央政府教育預算補助之依賴加深。

■小型學校之檢討

一、小規模國民中、小學校（學生人數在百人以下者）之分析：

全國國民中、小學概況，請見表八。

由表八數據得知，全國國民中、小學校之每一位教師平均教導學生數為一八・八人，每一位行政職員平均服務之學生數則為二〇九・二七人。

近三年各直轄市、縣（市）政府為支應國民教育所編列之經費及其教育人事經費編列情形，請見表九。

二、九十一年度至九十三年度全國地方政府教育經費實際編列數占其歲出總預算之比率，請見表十。

由表十可看出，近三年全國地方政府教育經費實際編列數占其歲出總預算之比率分別為三六・二四%、三〇・四七%及三〇・四五%，均呈下降趨勢。

三、小規模國民中、小學校教育資源分配，請見表十一。

由表十一可知，九十二學年度共有五六一所小規模國民中、小學校，學生數共三萬六、二九五人，教師五、八八九人，行政人員七八五人，平均每位教師教導六・一六位學生，每位行政人員服務四六・二四位學生，相較於

表七　中央及地方政府教育經費編列情形(91～93年度)　(單位：億元)

年度＼各級政府	中央政府				地方政府編列數		各級政府編列合計數	
	依法最低應編列數		實際編列數		依法最低應編列數	實際編列數	依法最低應編列數	實際編列數
	教育部編列數	對地方政府補助	教育部編列數	對地方政府補助				
91	1,487	435	1,476	435	2,321	2,469	4,243	4,380
92	1,407	524	1,402	524	2,196	2,323	4,127	4,249
93	1,367	524	1,351	642	2,091	2,299	3,967	4,292

表八　全國國民中、小學概況

學校別	學校數			教師數			職員數			學生人數		
	公立	私立	小計	公立	私立	小計	公立	私立	小計	公立	私立	小計
國中	709	11	720	48,306	539	48,845	6,588	109	6,697	868,015	89,270	957,285
國小	2,609	29	2,638	102,653	1,140	103,793	6,804	214	7,018	1,888,522	24,269	1,912,791
合計	3,318	40	3,358	150,959	1,679	152,638	13,392	323	13,715	2,756,537	113,539	2,870,076

表九　各直轄市、縣（市）政府所編列之教育經費及教育人事經費（91～93年度）（單位：億元）

項目及年度／縣市別	教育人事經費(A)			教育經費(B)			歲出總預算(C)			A/B			B/C		
	91	92	93	91	92	93	91	92	93	91	92	93	91	92	93
台北市	404.33	416.78	421.65	513.55	518.97	519.56	1,511.59	1,471.42	1,348.20	0.79	0.80	0.81	0.34	0.35	0.39
高雄市	143.54	185.08	184.27	171.87	210.23	208.45	748.39	737.43	843.77	0.84	0.88	0.88	0.23	0.29	0.25
基隆市	45.17	46.28	47.79	56.16	59.36	62.18	159.88	157.94	172.46	0.80	0.78	0.77	0.35	0.38	0.36
新竹市	40.05	41.19	38.65	54.99	53.15	54.31	162.54	158.32	173.72	0.73	0.78	0.71	0.34	0.34	0.31
台中市	107.00	109.00	115.00	120.46	124.83	131.36	236.84	286.01	287.42	0.89	0.87	0.88	0.51	0.44	0.46
嘉義市	28.27	29.87	31.94	35.24	35.99	37.25	99.10	94.50	105.83	0.80	0.83	0.86	0.36	0.32	0.35
台南市	68.16	68.15	78.96	77.80	80.71	90.25	188.37	193.99	203.50	0.88	0.84	0.87	0.41	0.42	0.44
台北縣	273.09	301.39	278.82	318.67	369.00	321.53	681.33	896.69	839.43	0.86	0.82	0.87	0.47	0.41	0.38
宜蘭縣	49.00	47.62	48.82	68.03	65.54	67.80	159.16	146.69	176.20	0.72	0.73	0.72	0.43	0.45	0.38
桃園縣	142.24	131.62	166.54	206.14	168.74	237.91	435.32	416.35	476.41	0.69	0.78	0.70	0.47	0.41	0.50
新竹縣	50.70	52.63	55.60	62.39	64.83	68.94	180.45	172.14	201.17	0.81	0.81	0.81	0.35	0.38	0.34
苗栗縣	48.83	47.92	47.30	77.68	81.05	76.14	211.07	202.57	180.81	0.63	0.59	0.62	0.37	0.40	0.42
台中縣	127.68	119.64	131.51	138.19	141.94	167.90	296.86	336.64	390.49	0.92	0.84	0.78	0.47	0.42	0.43
彰化縣	125.97	132.02	138.62	140.60	149.55	161.86	285.75	311.81	314.56	0.90	0.88	0.86	0.49	0.48	0.51
南投縣	61.85	58.57	64.35	70.88	70.57	77.01	170.00	160.62	197.02	0.87	0.83	0.84	0.42	0.44	0.39
雲林縣	47.23	55.60	56.50	70.81	69.87	77.18	196.53	207.25	238.87	0.67	0.80	0.73	0.36	0.34	0.32
嘉義縣	60.62	60.60	31.46	65.78	66.16	75.04	157.08	126.50	77.42	0.92	0.92	0.42	0.42	0.52	0.97
台南縣	92.02	80.86	82.38	118.78	126.22	127.66	296.28	308.40	314.84	0.77	0.64	0.65	0.40	0.41	0.41
高雄縣	108.94	113.19	107.95	133.83	140.70	125.56	296.29	315.18	291.92	0.81	0.80	0.86	0.45	0.45	0.43
屏東縣	92.39	98.69	96.32	102.16	109.86	114.21	237.18	236.46	252.53	0.90	0.90	0.84	0.43	0.46	0.45
台東縣	39.09	31.23	34.82	49.31	42.77	41.79	123.31	120.39	110.79	0.77	0.73	0.83	0.40	0.36	0.38
花蓮縣	44.98	46.43	46.45	51.84	55.26	58.37	118.37	125.42	142.24	0.87	0.84	0.80	0.44	0.44	0.41
澎湖縣	15.84	17.77	17.68	20.06	22.03	21.86	73.49	71.88	76.57	0.79	0.81	0.81	0.27	0.31	0.29
金門縣	11.91	12.34	10.30	14.25	13.56	14.90	68.89	75.87	86.12	0.84	0.91	0.69	0.21	0.18	0.17
連江縣	0.20	0.20	0.35	4.57	4.95	4.31	18.15	19.40	21.96	0.04	0.04	0.08	0.25	0.26	0.20

註：1. 91年度及92年度包含追加減預算。

2. 教育人事經費包含教育局人事費、縣(市)屬學校人事費、退撫支出及薪資準備。表列教育人事經費占教育經費比率未及八成者，係未含退撫支出及薪資準備所致。

表十　全國地方政府教育經費編列數占其歲出總預算之比率

(91～93年度)　　(單位:億元、%)

年度	91	92	93
(A)教育經費編列數(不含中央政府補助款)	2,469	2,323	2,299
(B)教育經費編列數(包含中央政府補助款)	2,904	2,847	3,017
(C)歲出預算總額	6,812	7,625	7,549
(A)/(C)	36.24	30.47	30.45
(B)/(C)	42.63	37.34	39.97

表十一　至92年度止小規模國民中小學校教育資源分配

縣市別	校數	學生數	教師數	行政人員數	學生數／教師數	學生數／行政人員數
台北縣	33	1,977	367	60	5.39	32.95
宜蘭縣	11	695	111	23	6.26	30.22
桃園縣	14	948	145	27	6.54	35.11
新竹縣	17	996	189	32	5.27	31.13
苗栗縣	42	2,614	424	18	6.17	145.22
台中縣	15	954	174	30	5.48	31.80
彰化縣	17	1,260	177	0	7.12	-
南投縣	68	4,030	712	31	5.66	130.00
雲林縣	37	2,537	379	42	6.69	60.40
嘉義縣	61	3,662	632	110	5.79	33.29
台南縣	40	2,913	413	81	7.05	35.96
高雄縣	22	1,507	214	39	7.04	38.64
屏東縣	30	2,204	323	30	6.82	73.47
台東縣	47	3,329	510	95	6.53	35.04
花蓮縣	49	3,363	515	91	6.53	36.96
澎湖縣	33	1,632	309	14	5.28	116.57
基隆市	4	368	50	10	7.36	36.80
新竹市	0	0	0	0	-	-
台中市	1	67	10	2	6.70	33.50
嘉義市	0	0	0	0	-	-
台南市	0	0	0	0	-	-
台北市	3	242	45	9	5.38	26.89
高雄市	0	0	0	0	-	-
金門縣	6	410	67	12	6.12	34.17
連江縣	11	587	123	29	4.77	20.24
合計	561	36,295	5,889	785	6.16	46.24

全國國民中、小學平均所使用之教職員人力資源顯然偏高。

以九十二學年度為例之統計資料，國民中、小學每一位教職人員平均一年之人事成本，請見表十二。

依表十二平均薪資水準計算，上開五六一所小規模國中、小學校每年之教育人事經費近五十一億元，亦即如能裁併一所學校，每年將可節省人事成本近千萬元；又就每位教師教導六・一六位學生，每位行政人員服務四六・二四位學生計算，平均每位學生每年所需之人事成本約為十四萬二千元，與一般國中、小學校每位學生平均分配之十萬元相較，亦顯偏高。

由於本案饒具意義，前任教育部長黃榮村於今年五月二十日卸任，五月十九日下午二點，他仍應黃委員本人親邀，到監察院接受本案有關的約詢，這種任事態度既為政務官留下風範，也為本案工作過程添增一段佳話。

表十二　國民中小學教職人員年平均人事成本

職務別	年平均薪資（含考績及年終獎金後之平均值）	備　註
教師	七八萬九、五九八元／年	教師年薪資依其年資多寡，分為七個等級，薪資自五八萬二、一七五元至一〇七萬五、一七五元不等，以第三級（年資十年至十四年）計之。
專職行政人員	六二萬二、三五四元／年	專職行政人員依其職級俸額及專業加級合計概估所得。

本案是在監察院今年六月份的教育及文化委員會第三屆第七十一次會議審查通過，教育部的回應慎重而積極，並在八月十六日的函復表示：「為持續改進教育預算之分配結構，並根據大院之調查意見，於九十三年七月八日召開之行政院教育經費基準委員會研究小組會議中確立自九十四年度起教育經費分配之五項基本原則，並提報九十三年七月二十九日行政院教育經費基準委員會第二次會議，五項基本原則為：

1.中等及高等教育經費宜適度增加。

2.國民教育人事費之總額或所占比率以不增加為原則。

3.教育經費之編列對於退撫與一般教育經費推展應同時考量、兼籌並顧。

4.為改進地方過度依賴中央補助之現象，中央對地方之國民教育經費補助應適度控制。

5.採取有效激勵措施，積極推動國民中、小學校之裁併。」

針對第五項原則，教育部表示：「小型學校是否合併，應以學生為學習權主體作為最優先考量」，並應擬定下列配套措施：

1.取得相關師生、家長及社區的共識。

2.作好交通接送或學生住宿相關事宜。

3.所空出之教室及校地設施應加以多用途利用，活化其功能。

教育部並以具體措施獎勵裁併校補助項目：「凡九十四年度各縣市有裁併校者，併校每一班補助六十萬元，裁校每一班補助一二〇萬元。九十三與九十二年度有裁併校者，按上述補助金額分別乘算三分之二及三分之一。」

仍有約五十五萬的文盲

隨著全球化及知識化經濟時代的來臨，為了提升國家的競爭力，並確保生存與發展，終身學習是其中不可或缺的一環。政府在推動終身學習的領域上，雖然起步較遲，卻用力甚勤，不僅已提出「邁向學習社會白皮書」（八十七年），而在十二項「教改方案」中也將「推動終身教育」納為其中一環。

黃委員在「我國推動終身教育之成效與檢討」專案調查裡，卻發現一項令人意外而驚訝的數字，儘管教育部及各縣市政府努力推動成人基本教育（識字教育），但迄九十二年底，我國不識字人口仍有五四・八萬人，不識字率高達三・〇二%，距離先進國家標準二%仍有相當落差，顯示我國成人基本教育有待加強。其中離島及農業縣不識字率

表十三　92年度全國各縣市十五歲以上不識字彙整表

縣市別	總人口（人）	不識字人口（人）	不識字率	排序	91年不識字率	原排序	不識字降低率
台北市	2,149,288	28,921	1.35%	23	2.01%	24	0.66%
高雄市	1,224,745	26,053	2.13%	20	2.89%	21	0.76%
金門縣	49,996	3,698	7.40%	2	8.77%	2	1.37%
連江縣	7,314	567	7.75%	1	8.90%	1	1.15%
澎湖縣	75,981	1,981	2.61%	14	3.17%	18	0.56%
宜蘭縣	371,312	15,503	4.18%	8	5.29%	8	1.11%
花蓮縣	283,647	5,129	1.81%	22	2.40%	23	0.59%
台東縣	196,831	6,036	3.07%	11	3.99%	13	0.92%
基隆市	317,174	9,195	2.90%	13	4.13%	12	1.23%
台北縣	2,956,084	55,989	1.89%	21	2.78%	22	0.89%
桃園縣	1,406,141	36,403	2.59%	15	3.56%	15	0.97%
新竹市	298,230	7, 041	2.36%	17	3.28%	16	0.92%
新竹縣	354,184	8,032	2.27%	19	3.03%	19	0.76%
苗栗縣	448,591	10,291	2.29%	18	3.02%	20	0.73%
台中市	783,144	9,997	1.28%	24	1.86%	25	0.58%
台中縣	1,191,536	39,035	3.28%	10	4.32%	10	1.04%
南投縣	435,781	14,341	3.29%	9	4.27%	11	0.98%
彰化縣	1,049,340	64,204	6.12%	4	7.47%	4	1.35%
雲林縣	603,271	40,361	6.69%	3	8.16%	3	1.47%
嘉義市	212,899	6,361	2.97%	12	3.90%	14	0.93%
嘉義縣	458,879	28,075	6.12%	4	7.36%	5	1.24%
台南市	603,566	14,792	2.45%	16	3.23%	17	0.78%
台南縣	905,365	38,189	4.22%	7	5.07%	9	0.85%
高雄縣	1,006,637	45,827	4.55%	5	5.72%	6	1.17%
屏東縣	732,994	32,591	4.45%	6	5.64%	7	1.19%
台閩地區	18,122,930	548,567	3.02%		3.97%		0.95%

偏高，如離島之連江縣高達七・七五％，金門縣亦達七・四％；農業縣之雲林縣達六・六九％，彰化縣及嘉義縣均為六・一二％，高雄縣四・五五％，屏東縣四・四五％，台南縣四・二二％，甚至以文化立縣自許的宜蘭縣亦達四・一八％。

特別值得注意的是，歐美國家係以未達義務教育階段教育程度者便列為文盲，我國對不識字的認定，係以內政部人口註記資料為依據，資料註記為「識字」以上即非文盲，可看出我國對不識字之定義較寬。再則近年來外籍配偶急遽增加，至九十二年時已達五四、六三四人，占結婚人口比例三一・八五％，若外籍配偶不識中文，可能導致未來不識字率之惡化。這些均反應出教育部推動成人基本教育實力有未逮。

而對這份調查專案的糾正，教育部於九十三年十月十八日函覆監察院表示：「將賡續結合縣市政府相關資源，加強失學民眾之識字教育，並針對外籍配偶提供完善之成人基本教育相關學習機會，戮力於九十六年前將不識字率下降至二％，共建學習社會。」

社大的成長與挑戰

社區大學不僅是終身學習重要的一環，也是民主鞏固有效的平台，黃委員在「社區大學總體檢」調查案，也以總體檢案的工作模式，在二個月內，以十七個工作天，實際訪查了當時（九十年）三十多所社區大學。同行的，包括教育部、內政部社會司、文建會、社區大學全國促進會等有關人員，這也是第一所社區大學於八十七年成立以來，第一次有這樣的工作團隊，與各社區大學的負責人及師生，做全面而有系統的互動。

八十七年時，社區大學只有一所，學生人數約一千八百位；八十八年社區大學十一所，學生人數增加到約九千位；八十九年社區大學二十三所，學生人數共約二萬人；九十年社區大學三十五所，學生人數超過三萬三千人。在短短三年間，從一所變成三十多所，學生人數從一千八百人增至三萬三千多人，從台北市走向全台灣，這樣的成長和發展，已超出包括黃武雄教授在內的社區大學原創者和推動者預料之外。（目前共有社區大學七十五所，學生人數約十萬人。）

由於社區大學試行之初，完全是由民間教改人士和地方政府共同推動，幾乎與教育部沒有任何關連，因此教育部有關人員，包括教育部次長及社會司有關主管，共同參與黃委員一行的訪查時，態度上是相當謙虛而謹慎；剛好經過三年快速成長的社區大學，在各地也面臨共同的問題，在整個行程上，黃委員一行非常認真地聽取所有的問題，而教育部有關主管在互動中，又有適當而溫暖的回應，包括經費的補助與精神的鼓勵，使得整個訪查過程，充滿著感人而溫馨的氣氛。

「社區大學總體檢」調查報告第一次完整的指出社區大學的發展與面臨的問題，並用具體的統計資料，分析社區大學的各種現象，包括社區大學教師均為兼任，尚無專任；行政職員專任人員偏低；三大類（學術性、社團活動、生活藝能）課程無法平衡，生活藝能課程約占三分之二（六〇％以上）；男女學員比例約為三：七，男性偏低；學歷以大專程度最多，占四一・四％，高中職程度占三六・三％，國中小程度占十一・八％，顯見國中小程度的學員參與率偏低；學員年齡則以四十一至五十五歲居多，占四〇・二％，三十一至四十歲居次，占二九・三％，再其次為十八至三十歲，占十七・三％，五十六歲以上最少，占十二・三％。該調查報告更提出八點調查意見，其中第二至第七點為：

二、為延續社區大學的原創精神，社區大學之經營應確保其公共性及特殊性。

三、教育部對社區大學之定位宜明確，並予法制化。

四、教育部允宜督促各縣市政府健全社區大學之評鑑制度，以維持社區大學之辦學理念和經營品質。

五、教育部對社區大學之補助宜有明確規範，審核及補助額度應力求公平合理及透明化。

六、現行之公開招標制度，對辦學績優之經營團隊未盡合理，教育部允宜邀請縣市政府擬妥適可行方案。

七、教育部允宜依終身學習法之規定，妥善規劃社區大學學員之學習成就認證事宜。

教育部對於這些調查意見的處理態度上相當認真。九十一年十一月二十一日，教育部舉辦「九十一年度全國社區大學發展座談會」，其實施計畫的依據有二：（詳附件一）

◎終身學習法第四條、第九條及第二十一條。

◎監察院九十一年四月十六日「社區大學總體檢」調查意見（註：即黃委員之調查報告）。

而為期一天的議程（詳附件二），主要探討項目包括：「社區大學營運模式的問題探討」、「社區大學補助經費的問題探討」、「社區大學評鑑制度的問題探討」及「社區大學法制化的問題探討」，這些探討的課題，便是為回應前述第二至第七點所提出的問題而準備的。這樣一個互動的過程，一方面固然反應出教育部的任事負責，一方面也反應出監察權仍有其積極性的功能。

附件一　「九十一年度全國社區大學發展座談會」實施計畫

壹、依據

一、終身學習法第四條、第九條及第二十一條。
二、監察院九十一年四月十六日「社區大學總體檢」調查意見。

貳、目的

一、協調及輔導各直轄市及縣（市）政府推動社區大學健全發展。
二、探討當前社區大學現況與困難問題，並協助尋求解決之道。
三、加強中央政府、地方政府及社區大學三者間之理念溝通與業務聯繫。
四、尋求社區大學發展共識，廣徵意見，建立願景。

參、研討內容

一、社區大學發展現況與展望。
二、現況（營運模式、法制化、補助及評鑑制度）之議題討論。
三、問題探討與因應。
四、綜合座談。

肆、辦理單位

一、主辦單位：教育部。

二、協辦單位：台北市政府教育局、高雄市政府教育局、各縣（市）政府。

伍、參加人員預計一百七十人，包含：

一、直轄市及各縣（市）政府主管社區大學相關局處業務課（科）主管或承辦人員。

二、全國各社區大學主任、校長或執行秘書等業務主辦人員（一至二人）。

三、相關部會代表、社區大學相關法人團體代表、本部相關業務司處代表。

陸、研習日期：

九十一年十一月二十一日（週四）上午八時三十分至下午五時三十分。

柒、研習地點

中央聯合辦公大樓南棟第五會議室（台北市徐州路五號十八樓）。

捌、實施方式

一、專題演講。　二、經驗分享。

三、問題討論。　四、綜合座談

附件二　九十一年度全國社區大學發展座談會議程

時間：九十一年十一月二十一日（星期四）
地點：中央聯合辦公大樓南棟十八樓第五會議室

時　間	議　　程	主持（講）人	備　　註
08:30~09:00	報到	黃科長月麗	由社教司同仁協助報到。
09:00~09:20	開幕式	范政務次長巽綠	
09:20~09:50	專題演講： 社區大學發展現況與展望	范政務次長巽綠	
09:50~10:00	茶敘、聯誼		
10:00~11:10	社區大學營運模式的問題探討： （一）營運現況 （二）問題探討	主持人：張捷隆 引言人：黃申在 引言人：林孝信	主持人致詞五分鐘，引言人發言各十分鐘，餘請與會人員踴躍發言。
11:20~12:20	社區大學補助經費的問題探討： （一）補助現況 （二）問題探討	主持人：柯正峰 引言人：林振春 引言人：何青蓉	
12:20~13:30	午餐、小憩		供應簡便便當
13:30~14:40	社區大學評鑑制度的問題探討： （一）評鑑現況 （二）問題探討	主持人：黃富順 引言人：武曉霞 引言人：蔡傳暉	主持人致詞五分鐘，引言人發言各十分鐘，餘請與會人員踴躍發言。
14:50~15:50	社區大學法制化的問題探討： （一）法制化現況 （二）問題探討	主持人：顧忠華 引言人：黃贊瑾 引言人：彭明輝	
15:50~16:10	茶敘、聯誼		
16:10~17:10	綜合座談	主持人： 范政務次長巽綠 與談單位： 行政院公共工程委員會 行政院原住民委員會 教育部會計處 教育部社教司	
17:10~17:30	閉幕式	范政務次長巽綠	
17:30	賦歸		

第五篇

財經與移民

壹、財經案

六百億元的大窟窿

近年來金融犯罪案件頻傳，其涉及之金額動輒數十、甚至數百億元，尤以中興銀行違法放貸台鳳集團案堪稱最為嚴重。台鳳集團以人頭戶違法貸放之方法及「分散借款集中使用」方式，套借資金流供該集團使用，即利用人頭公司或該集團員工、家屬或價購「借款人頭」等無報稅所得或報稅所得偏低之人頭戶名義，向中興銀行申貸放款，大量套取銀行資金，以避免外界發現該行有大量放款資金集中於該集團之現象。尤有甚者，在八十九年三月二十日，因台鳳集團需錢孔急，該行天母分行於當日營業終了後，未辦妥徵、授信手續及未取得總行批覆書，仍撥貸信用放款三億五千萬元，惟因該分行庫存現金僅一千餘萬元，該行竟罔顧存款人權益，下令中山、汐止、永吉及台北分行暫緩關閉金庫，任令由非該行行員之台鳳公司員工，於當晚七時四十分許逕自前往該等分行搬運巨額現金，讓中興銀行成為台鳳集團的「資金調度金庫」，而於翌日才補辦徵信程序，內控制度可謂蕩然無存。

八十九年四月二十七日媒體披露財政部對中興銀行專案檢查發現該行有違規貸放之情事，引發該行存款大量流失，流動準備嚴重不足，財政部爰於八十九年四月二十八日指定中央存款保險公司為監管人監管該銀行，惟該行約八百億元不良放款之嚴重損失，卻得由政府預算編列重建基金，以廣大納稅人的所得來挹注，將其犯罪結果轉嫁由全民負擔，形同「金融掏空、全民買單」，危害社會經濟至深且鉅。因此黃煌雄委員乃決定調查相關主管機關處理中興銀行金融弊案是否涉有違失。

經調閱相關金檢報告等卷證資料，並約詢相關主管機關到院說明，及舉辦諮詢會議，聽取專家學者之意見，歷經約五個月時間完成調查工作，於九十一年八月三十日提出調查報告。

調查發現財政部金融局於八十八年二月二十六日至四月六日對中興銀行辦理一般檢查，即發現該行對台鳳集團鉅額授信，風險過度集中，且有不當資金流向，同年七月至十一月間更分頭金檢北、中、南分行，最後始在十一月十一日發函糾正，惟財政部行文糾正缺失後，該行卻未遵行改進，該部亦無積極性後續追蹤，以致該行嗣後仍於八十九

財政部介入及處理中興銀行紀事

86年3月24日	中興銀行申請增設六家分行。
86年7月1日	財政部同意中興銀行八十六年度得增設一家國內分行。
86年7月	財政部辦理中興銀行一般金融檢查。
86年12月22日	中興銀行與台中四信簽訂概括承受意願書。
87年3月21日	中興銀行申請增設五家分行。
87年7月15日	財政部同意中興銀行八十七年度得增設二家國內分行。
87年12月17日	中興銀行經第三屆第四次董監事聯席會決議通過與台中四信簽訂概括承受合約書。
88年3月22日	財政部核准中興銀行與台中四信合併案。
88年2月26日至88年4月6日	財政部對中興銀行辦理一般金融檢查。
88年5月29日	中興銀行向財政部申請辦理八十七年度盈餘轉增資六億四千八百二十七萬三千六百九十元及辦理現金增資發行特別股二十億元。
88年6月	財政部金融局提出中興銀行桃園分行專案檢查報告。
88年6月28日至88年7月7日	財政部派員赴中興銀行天母分行辦理授信專案檢查，發現中興銀行對台鳳集團之授信案有不當資金流向，財政部以涉嫌違反公司法第十五條第二項規定，函送經濟部辦理。
88年7月23日	財政部以台財融第八八七三八四九四號函復中興銀行應俟依財政部檢查意見提足

	備抵損失準備後再議增資。
88年7月30日至88年8月6日	財政部派員赴中興銀行大安分行辦理授信專案檢查。
88年8月4日	中興銀行函報其已補足各項評價損失準備，再次向財政部申請盈餘轉增資及增資發行特別股。
88年8月10日至88年8月16日	財政部派員赴中興銀行赤崁分行辦理授信專案檢查。
88年2月27日至88年9月3日	財政部派員赴中興銀行前鎮分行辦理授信專案檢查。
88年9月4日至88年9月10日	財政部派員赴中興銀行嘉義分行辦理授信專案檢查。
88年9月13日至88年9月17日	財政部派員赴中興銀行南台南分行辦理授信專案檢查。
88年10月	財政部金融局提出中興銀行天母、赤崁、大安分行專案檢查報告。
88年11月	財政部金融局提出中興銀行前鎮、嘉義（專案授信）、南台南（專案授信）分行專案檢查報告及中興銀行一般檢查報告。
88年11月11日	財政部以台財融第八八七六九四二四號函糾正中興銀行。
88年12月7日	中興銀行申請撤回現金增資發行特別股二十億元案。
88年12月23日	財政部同意中興銀行撤回現金增資發行特別股二十億元案。

88年12月29日	財政部將檢查中山分行時，查獲中興銀行總稽核謝增榮利用權位從事放款介紹，並以詐騙手段謀取不法利益乙案移請法務部調查局偵辦。
89年1月6日	財政部檢查台南分行時，查獲中興銀行購買富強分行行舍及辦理撥款過程等涉有違法嫌疑相關事證移請法務部調查局調查。
89年2月11日	財政部以台財融第八九七二三五七四號函同意中興銀行依證券交易法相關規定向證券主管機關申請辦理八十七年度盈餘轉增資案。
89年2月23日	財政部證期會駁回中興銀行八十七年度盈餘轉增資案。
89年3月20日	發生台鳳集團吳朝賢等七人授信之資金調撥案，係前總經理王宣仁應前天母分行經理吳碧雲因資金之需要，直接指示前業務部副理黃存建要求台北地區分行暫緩關閉金庫，將庫存現金挪出，以供資金調撥之用，汐止、中山、永吉及台北四家分行配合延後關閉金庫，並將鉅額庫存現金直接交付台鳳公司員工，且交付鉅額現金時並無簽收紀錄或收取憑證之情事。
89年4月11日至89年5月25日	財政部再次派員至中興銀行天母分行等營業單位續辦專案檢查，並發現上開違法資金調撥案。
89年4月21日	財政部將中興銀行前總經理王宣仁及前天母分行經理吳碧雲移請法務部調查局偵辦。
89年4月25日	財政部同意中央存款保險公司為控制承保風險，依據存款保險條例第十七條規定自即日起派員進駐中興銀行輔導。
89年4月27日	因媒體披露中興銀行專案檢查發現中興銀行有違規貸放之情事，引發存款人對中

	興銀行產生信心危機，致中興銀行存款大量流失。
89年4月28日	財政部指定中央存款保險公司為監管人監管中興銀行。
89年6月15日	台鳳公司授信舞弊案，中興銀行前董事長王玉雲、前總經理王宣仁、前天母分行經理吳碧雲、前蘆洲分行經理李東興、台鳳公司總裁黃宗宏、財務經理陳明義等六位涉案人員，經移請法務部調查局偵辦後已由台北地方法院檢察署偵查終結，提起公訴。
89年8月29日	依據大法官會議第四八八號、第四八九號解釋，主管機關必須給中興銀行原股東自救機會，讓股東得透過先減資後增資之方式，挹注新資金。財政部依據存保公司所擬「中興銀行減資及再增資計畫芻議」，認為公司為便利股東認購新股，以年中會計師查核簽證之財務報告召開臨時股東會通過減增資案，應屬可行。
89年9月16日	經濟部表示對於銀行辦理期中減資之適法性尚有疑義。為符合當時公司法主管機關之規定，公司應以年度決算後之財務報告作為減、增資之依據，中興銀行必須俟八十九年十二月年度結束後，財務報告編製完成，並經會計師查核簽證後，始能據以辦理減資。
89年9月19日	財政部以台財融第八九七四七七七三號函對中興銀行嚴予糾正，並嚴予議處中山、汐止、永吉及台北分行挪用庫存現金相關失職人員與天母分行不當授信失職人員，以追究相關人員財務責任。
89年10月8日	財政部為配合中興銀行辦理減資及再增資之法定程序所需作業時間，延長對中興銀行監管期限。

89年10月18日	財政部延長對中興銀行監管期限。
90年3月21日	財政部函請存保公司本於職責督導監管小組積極執行債權保全措施、覈實評估資產可能遭受損失、並依規定積極加速轉銷呆帳。
90年4月27日	中興銀行監管小組代行中興銀行董事、監察人會職權第三次臨時聯席會議決議通過聘請台北銀行專業人員提供技術協助事宜。
90年6月15日	中興銀行監管小組與台北銀行簽訂技術協助契約書。
90年6月21日	財政部函請存保公司本於職責督導監管小組積極執行債權保全措施、覈實評估資產可能遭受損失、並依規定積極加速轉銷呆帳。
90年6月22日	中興銀行召開九十年度股東常會，會中決議為彌補虧損辦理減資一一三・六一億餘元及辦理現金增資一五〇億元。
90年9月7日	財政部函請中興銀行再全面檢討該行涉案人員之核處情形，加重議處相關失職人員及調整適當職務，避免類此舞弊事件再度發生，另相關失職人員有違法失職者應即依法移送法辦並追究財務責任。
90年10月23日	中興銀行雖已完成減資，惟截至增資最後繳款日，中興銀行原股東及員工均無法全數參與增資繳款，現金增資確定無法完成。至此，主管機關對中興銀行處理，已完成前述大法官會議第四八八、四八九號解釋所需之必要時程。
90年10月25日	財政部責成中央存保公司依法接管中興銀行。
90年10月27日	台北銀行技術協助小組截止技術協助中興銀行。

90年12月3日	對冠鼎建設授信案所衍生之背信案，業經調查局調查後移送檢察署，檢察署偵查終結，將中興銀行前東門分行經理蔡宗勳提起公訴。
90年12月27日	存保公司就重建基金管理委員會通過之投標須知辦理公告公開標售中興銀行。
91年1月25日	存保公司辦理公開標售中興銀行之投標截止日，因無人投標而宣告流標。
91年2月5日	在中興銀行增資失敗後，行政院金融重建基金管理委員會授權存保公司以標售中興銀行全部營業及資產負債（一次賣斷）之方式，為中興銀行洽尋接手經營者，存保公司再次公開辦理中興銀行標售及比價、議價程序。
91年5月6日	存保公司依重建基金第十二次委員會議決通過之公開比價、議價原則辦理公告標售中興銀行。
91年5月15日	中興銀行標售案之公開比價議價結果，因參與比價者最後報價均高於底價，爰由報價最接近底價者取得優先議價權，惟最後議價結果仍未能符合重建基金管理委員會得逕予決標之範圍，而宣告流標。
91年6月11日	存保公司依重建基金第十三次委員會議決通過之公開比價、議價原則辦理公告以損益分攤方式標售中興銀行。
91年7月19日	存保公司公開辦理中興銀行標售案之比、議價。
91年8月5日	中興銀行標售案之公開比價議價結果，因最後議價結果仍未能符合重建基金管理委員會得逕予決標之範圍，而宣告流標。

年三月二十日發生台鳳集團資金調撥弊案。嗣於媒體披露後，事態更加擴大，迨擠兌風暴有蔓延之勢時，始指定存保公司監管該行，惟已嚴重影響國家社會之金融秩序。

問題金融機構之處理重在時效，介入的時間愈晚，國庫損失愈大。中興銀行自監管小組於八十九年四月進駐後，該行因原經營者經營不當及授信政策偏差，授信對象過於集中集團關聯戶及特定傳統產業，資產品質存有高信用風險，適逢整體經濟環境持續惡化情況下，借戶償債能力更加薄弱甚至喪失，擔保品價值亦持續貶落，該行原先所承作之不良放款乃陸續浮現，使得逾期放款急遽攀升，由八十九年四月底之三一五億元增至九十一年五月底之八一八億元，增加五〇三億元。另一方面該行授信弊案發生後，信譽嚴重受損，存款大量流失，流動

各關鍵時點中興銀行之重要財務數據 （單位：億元）

日期	業務量變化情形				調整後淨值
	存款	放款	應予評估放款	逾期放款	
89.4.30（89.4.28監管）	1,957	1,733	428	315	65
89.12.31	1,612	1,464	602	515	27
90.10.31（90.10.25接管）	1,403	1,398	819	751	（121）
90.12.31	1,419	1,367	871	782	（215）
91.5.31	1,239	1,306	885	818	（224）

性主要仰賴金融同業之協助，惟該行鉅額催收款因已無利息收入，而在存款利息及其他借入款利息仍應照常支付情況下，難達損益平衡，致每月（提存各項準備前）亦呈現虧損，累積虧損日益擴大。至九十三年六月底，該行淨值更降為負五八五億元，每月所發生的新增虧損高達一億元，資金缺口更高達六五〇億元。

中興銀行處理過程之延宕，凸顯建立問題金融機構「立即糾正機制」之重要性。對於銀行資本適足率的分級管理措施，美國的「立即糾正措施」一向被視為最佳範本。以美國為例，美國的及時改正措施，依金融機構的資本完善程度，將之分成資本完善、資本適足、資本不足、嚴重資本不足及資本危急等五類，再分別給予適當的強制性處分措施及裁量性處置措施。惟我國金融弊案頻

中興成殭屍銀行

任財長　淨值由正轉負　迄今無人扛責　逾期放款已逾800億

開門就虧400萬

金融史荒謬劇　處理一拖三年　歷經四任財長

企業紓困款三成要不回

申請紓困金額最多企業(振興傳統產業專案)

排名	集團名稱	企業家數	紓困金額	追放金額	呆帳金額	債權銀行
1	燁聯	14	675.48	0	0	交銀
2	東帝士	20	623.01	185.64	53.36	農銀/中銀
3	宏福	33	404.85	120.18	69.6	開發
4	華隆	6	332.76	34.38	40.27	交銀
5	中華工程	19	286.48	3.74	0	土銀
6	慶豐	12	281.16	9.03	10.58	彰銀
7	長億	25	179.77	59.5	30.88	世華銀
8	中興紡織	14	172.93	0	0	交銀
9	長谷	15	61.61	41.82	8.49	中信銀
10	宏總	6	41.84	19.2	7.85	一銀
總計			3049.89	473.41	221.03	

單位：億元　資料時間：2003年3月31日　資料來源：財政部

生，主管機關卻未能及早思圖改進，在法制上妥為規劃、適時檢討改進，就問題金融機構的業務及財務問題，依其性質及情節輕重，採行不同程度且立即有效金融監理措施，於問題金融機構之淨值尚未虧損時，即時介入處理，卻迨事態嚴重，始介入處理，復限於重建基金等相關配套措施之支援不足，貽誤處理時機，造成後續處理之成本，在在顯示主管機關在中興銀行弊案之處理程序上，確有違失，黃委員爰依監察法第二十四條規定提案予以糾正。

本案糾正後，財政部已積極從事修訂相關法令，並進行相關之管理措施。其主要措施有二：對經營能力尚可但體質羸弱之金融機構，促其降低逾期放款並改善資本結構。其次，促使經營不善之問題金融機構迅速退出市場。

金融犯罪vs社會正義

從「中興銀行金融弊案」之調查過程，黃委員從中瞭解金融犯罪掏空全民資產，耗損整體國力，其害甚鉅；且相關司法偵審程序繁複，多數金融犯罪案件歷經多年仍未判決確定，少見明確被懲罰案例，致使社會公義不彰，民心不服。基於該一體認，黃委員爰於九十一年十二月九日成立「重大金融弊案不法態樣分析及司法偵、審情形」之專案調查，以財政部金融局移送案件、證券暨期貨管理委員會移送案件、行政院重建基金介入整頓之金融機構弊案等三類案件計一百零一件為範圍進行調查。經向財政部、中央銀行、法務部、各地方檢察署、司法院及各級法院調閱相關卷證資料，歷經約八個月的時間，於九十二年八月十六日提出調查報告。

■重大金融弊案之不法態樣

調查發現我國金融機構及股市確實存有諸多弊端，此等金融犯罪所涉及之問題，諸如：違法貸款、超貸、企業主利益輸送及掏空公司資產等，究其發生原因及態樣，在金融機構方面，有：金融機構之高層人員與財團互相勾結，以裡應外合方式，違法超貸者，如：台中商業銀行對知慶投資公司等六家公司之貸款案，在無法掌握償還來源，資金用途不明確，且該行審查部及放款審議委員會對該借款案分別以償還來源無法掌握，擬予緩議之情況下，惟仍經該行常務董事會通過，並於短短七日准予核貸，撥貸金額高達七四．五億元，其中六十億元為無擔保放款，嚴重違反授信常規。又中興銀行對台鳳公司之貸款案，貸款人之土地、股票擔保品不足、資力不足、申貸程序不符規定，該銀行竟予配合，倒填貸款日期，甚至晚間還召集各分行「搬錢」支應，事後為掩飾犯行，

金融機構弊案之不法態樣

不法態樣	案例
金融機構內部存在單一派系控制管理體系的現象，在有心人士的運作下，成為集體舞弊之絕佳溫床。	如：台中企銀董事長涉嫌直接炒作股票與護盤廣三集團之股價而大舉非法貸款；東港信合社偽造定存單、製作假帳和不實的會計憑證，將客戶存款掏空挪用；中央票券金融公司對關係人國揚、新巨群及羅傑等集團旗下公司申貸案件，以裡應外合方式及蓄意規避銀行法第三十二條、第三十三條規定之脫法行為，自該公司不法取得鉅額貸款。
財團與金融機構之高層人員互相勾結，違法貸款、超貸、掏空資產及利益輸送。	如：中興銀行對台鳳公司之超貸案；華僑銀行對新偕中梁柏薰之超貸案；彰化銀行對婦幼集團之超貸案等。
對企業集團之核貸購地及建築融資，未注意土地開發進度，未依實際工程進度撥貸。	如：華南銀行汐止分行貸放予景文中學，借戶為興建行政大樓（地上九層及地下一層），撥款時進度僅達四層樓板，卻採一次全數貸放。
核貸未注意應收帳款中應收關係人帳款所占比率偏高情形，未注意借戶營運情形。	如：中央票券金融公司對關係人國揚、新巨群及羅傑等集團旗下公司申貸案件等。
辦理週轉金授信僅偏重擔保品之有無，而不重視還款來源之掌握。	如：中興銀行對台鳳公司之超貸案；華僑銀行對新偕中梁柏薰之超貸案；彰化銀行對婦幼集團之超貸案等。

分散借款集中使用。	如：中興銀行對台鳳公司之超貸案；華僑銀行對新偕中梁柏薰之超貸案等。
借款流向短期投資（股票）及關係人，放款資金流向與原申貸用途不相符合。	如：台中企銀董事長對廣三集團之貸款案等。
金融機構撥貸時未注意交易真實性即予撥貸。	如：景文集團關係戶史鐵諾企業有限公司係經營廚具設備買賣業務，惟出口貸款所徵信用狀之出口商品為電子遊戲機。
過於偏重借戶資望，未徵提理財計畫，未查註年度所得、銀行借款及投資情形。	如：中興銀行對台鳳公司之超貸案；華僑銀行對新偕中梁柏薰之超貸案等。
未確實注意擔保品是否具有市場性及處分可能性，高估擔保品價值，估價作業欠嚴謹。	如：中興銀行對台鳳公司之超貸案；華僑銀行對新偕中梁柏薰之超貸案；彰化銀行對婦幼集團之超貸案等。
借款資金供作長短期投資之用，非為本身營業需要，借戶已偏離本業經營，營運績效未能掌握。	如：台中企銀董事長對廣三集團之貸款案、中興銀行對台鳳公司之超貸案等。
重要授信戶貸放後未再定期徵取借戶新近財務資料，或注意借戶之經營功能。	如：中興銀行對台鳳公司之超貸案；華僑銀行對新偕中梁柏薰之超貸案；彰化銀行對婦幼集團之超貸案等。

竟同意企業以「借新還舊」、更改貸款日期，或另成立新公司承接貸款等手法，讓貸款案逾放未超過六個月，致金檢人員在帳面上看不出問題。另中央票券金融公司對關係人國揚、新巨群及羅傑等集團旗下公司申貸案件，均未就申請公司之資產、負債、資本、淨值、營收、資金需求、還款財源等授信風險條件作綜合評估，作為審核依據，一概配合各該集團予以通過。

企業弊案之態樣有：公司負責人過度信用擴張，高度運用財務槓桿手法，交叉持股、炒作股票者，如：東隆五金、台鳳、台中精機、國揚及新巨群集團等，透過不實認列營業收入，美化財務報表，拉抬公司之股價，另為規避法律的限制以及靈活運用資金，以交叉持股方式，成立多家投資公司，透過投資公司操盤拉高股價後，再向金融機構取得較高質借金額，母公司則予以背書保證，發揮高財務槓桿，同時又辦理現金增資，或發行可轉公司債等方式，掏空小股東，此手法不但提供大量資金炒作股票，從股市巨額獲利，並以此業外收益美化相關公司帳面報表，再拉抬股價，惟在景氣反轉時，股市下挫，資金無法順利支應之情況，終爆發鉅額違約交割及財務危機。另有透過關係人間非常規交易利益輸送，掏空公司資產者，或挪用公司款項，並透過虛增資產科目，如：「應收帳款」及「存貨」，及虛減負債科目，如：「購料借款」或「應付帳款」以

經營者惡性倒債、掏空資金之不法態樣

不法態樣	案例
公司負責人挪用、侵占公司資金，炒作股票。	如：萬有紙業、東隆五金、順大裕、國產汽車、台鳳公司、美式家具、正道國際、普大興業、紐新企業、美亞鋼管、大中鋼鐵、名佳利金屬、凱聚、桂宏企業等。
公司發布重大訊息涉有虛偽隱匿情事、內線交易及偽造文書。	如：台灣農林、東隆五金、台鳳公司、皇旗資訊等。
公司負責人及轉投資之子公司負責人等將該公司及子公司資金貸與公司董事長、總經理及無業務往來之內部人所轉投資之公司。	如：國產汽車、國揚實業、台中精機、台鳳公司等。
公司出售土地予關係企業，虛飾財務報表、拉抬股價及內線交易。	如：台灣農林、台鳳公司、南港輪胎等。
公司向關係企業購買土地，故意散布尚未具體評估之獲利數。	如：台灣農林、台鳳公司、駿達建設等。
公司透過投資子公司炒作該公司之股票，並涉嫌變相掏空公司資產、非法資金貸予他人及圖利關係人。	如：東隆五金、順大裕、國產汽車、國揚實業、台中精機、台鳳公司、中國貨櫃、台肥公司、名佳利金屬、華夏租賃、宏福建設等。

以不合理高價標購關係企業股票或土地。	台灣日光燈、國產汽車、國揚實業、名佳利金屬、優美公司、鋒安金屬、台東企銀、皇普建設、台芳開發等。
關係人財務危機，仍持續進行權利義務不對等之交易及為其提供背書保證，損及公司之股東權益。	如：三星五金、尖美建設、桂宏企業等。
公司及其轉投資之投資公司間有鉅額股東往來且係無息貸款，且未取具擔保品。	如：尖美建設、名佳利金屬、啟阜建設等。
公司未於財務報表及每月營業額公告中揭露背書保證金額及部分關係人交易，及進銷貨及存貨異常，財務報表涉有虛偽情事。	如：皇旗資訊、宏總建設、中友百貨、紐新企業等。
以偏低價格出售資產予關係人。	如：彥武企業。

裝飾財務報表；或利用「預付貨款」、「預付投資款」等會計科目將資金挪予子公司，惟並無進貨或投資之事實；或以不當高價取得關係人土地或股票，掏空公司資產，並將資金挪予關係人等態樣。

■重大金融弊案之司法偵、審情形

在司法偵審方面，截至九十二年四月三十日止，金融重建基金所處理之金融犯罪經財政部及各相關單位移送者計一八八件，其中尚在檢調單位偵查中者一二〇件，已偵查終結者計六十二件，不起訴者六件，已起訴者六十二件，已起訴案件之六十二件當中，一審已判決者二十九件，二審已判決者十八件，三件獲判無罪；另重大金融犯罪案件（台中商業銀行【曾正仁案】、中央票券金融公司【陳冠綸案】、屏東縣東港信用合作社【郭廷才案】、台開信託【遠倉楊梅土地開發案】、中興商業銀行【台鳳集團案】、彰化銀行新興及鳳山分行等【婦幼實業及中馬企業案】、中央信託局等【景文集團案】、華僑商業銀行【梁柏薰案】）計移送三十二件，其中尚在檢調單位偵查中者十四件，已偵查終結者十八件，其中不起訴者一件，已起訴者十七件，已起訴案之十七件中一審已判決者六件，二審已判決者一件，一件獲判無罪。另財政部證券暨期貨管理委員會移送之不肖經營業者惡性掏空上市、上櫃公司資產案件計有四十案，截至九十二年四月十一日止，均已偵查終結並起訴在案，其中已起訴案件中，一審已判決者七件，二審已判決者五件，一件獲判無罪，以上所移送案件共二六〇件，惟除不起訴案件七件外，其餘皆在偵辦中或尚未審理結案。

按重大金融犯罪案件一旦爆發，不僅造成整體金融環境衝擊，且直接損害社會大眾的權益，故金融主管機關及檢、調機關能否洞察機先，掌握第一手犯罪資料，攸關打擊不法之績效自不待言，惟本案調查發現，不少金融犯罪行為，持續數年之久，相關主管機關卻長期毫無所覺，或實施金檢時已察覺異常卻僅發函糾正，未做有效處置，也未積極蒐集相關人員違法犯罪之具體事證資料移送相關單位偵辦究責，任令犯罪長期持續，損害擴大，迄移送偵辦時，常事隔多年，已嚴重至難以收拾地步；另檢察官未善盡查證責任，於偵查中，未即時進行完整之蒐證，致調查證據之先機盡失，甚有毫未過濾，逕行移送法院併辦，導致法官受理案件後，仍須依職權多方調查證據，影響案件審結；而案件起訴進入司法審判程序後，常延宕經年，歷時數年尚未能定讞，無法及時彰顯社會正義，讓金融犯罪者逍遙法外。遲來之正義不是正義，目前社會各界對於許多

重大金融弊案之偵審情形　　（基準日：92.04.30）

		涉案人次	移送件數	檢調單位偵辦情形			司法機關審理情形				
				偵辦中	不起訴	已起訴	一審已判	一審上訴	二審已判	二審上訴	獲判無罪
社會關切重大金融犯罪案件		315	32	14	1	17	6	3	1	0	1
重建基金處理之金融機構案件	信合社	89	20	4	1	15	7	5	4	0	1
	農漁會信用部	618	119	67	5	47	22	17	14	2	2
	銀行	324	49	49	0	0	0	0	0	0	0
	合計	1,031	188	120	6	62	29	22	18	2	3
總計		1,346	220	134	7	79	35	25	19	2	4

惡性重大、違法掏空的金融犯罪案件，均期待能嚴密、迅速偵辦，司法偵審若延宕過久，除有違人民之期待，亦不符正義之要求。惟相關金融主管機關及司法偵審機關對於這些重大金融弊案所產生之違法亂紀、不公不義現象，卻無視各界之殷殷期待，仍然未能積極深入查究，處理緩慢、延宕多時，以致未能有效嚇阻金融犯罪，有違社會公平與正義。黃委員乃決定提案糾正財政部及法務部，並函請司法院檢討改進。

本案糾正後，司法院已要求法院對於金融犯罪成立專業法庭，速審速決；行政院並修法提高刑責，脫產無效；及成立保護機構，保護基金，落實資訊公開，健全公司治理，以及保護投資大眾等措施，以有效遏止金融犯罪。復對於重大金融弊案當事人限制出境及移轉財產，阻止涉案人獲得犯罪所得，進而減低犯罪誘因；並成立金融犯罪查緝專案小組，加強防範金融犯罪。

欠稅大戶vs租稅公平

財政為庶政之母，租稅為財政之基，現代國家租稅之課徵，除基於財政收入之目的外，對於資源配置的調整，所得分配之矯正及經濟穩定之維持，亦扮演著重要之角色。

惟近年來，欠稅之發生與日俱增，據審計部八十八年下半年及八十九年度中央政府總決算審核報告：「各國稅稽徵機關迄八十九年十二月底，累計尚在徵收期間之未徵起稅款及罰鍰，計有一七一萬餘件，金額高達一、八六〇億餘元」，欠稅件數及金額龐鉅，導致租稅應有之功能無法發揮，並且破壞稅制的公平性。黃委員為瞭解欠稅原因及稽徵機關執行清欠作為有無違失，爰於九十年十一月十二日成立「國稅機關欠稅清理績效」之專案調查，並經向財政部及各國稅機關調閱相關卷證資料並約詢相關機關業務主管人員，歷經約六個月之調查，於九十一年五月十日提出調查報告。

調查發現造成欠稅問題主要原因之一，

國稅機關累計欠稅金額統計表（87～89年度）　（單位：萬件、億元）

87年度		88年度		89年度	
件數	金額	件數	金額	件數	金額
107	1,775	119	2,031	177	3,114

註：含未逾限繳日未徵起數及行政救濟未徵起數。

國稅機關累計欠稅金額統計表（87～89年度）　（單位：萬件、億元）

87年度		88年度		89年度	
件數	金額	件數	金額	件數	金額
101	1,127	111	1,262	171	1,860

註：不含未逾限繳日未徵起數及行政救濟未徵起數。

是基層人力流失嚴重，稽徵行政經驗斷層，影響稅務稽徵工作暨欠稅清理績效。另以欠稅金額作比較分析，繳款書未送達者占七％，顯示稽徵單位未能及時掌握納稅義務人資料，以致稅單無法送達納稅人，進而造成欠稅情形的增加；另待移送執行者占二七％，表示稽徵機關與行政執行處之行政互動尚存諸多問題，權責劃分尚未釐清；提起行政救濟案件與已移送執行尚未結案者占一七％，亦呈現稽徵機關未能有效疏減行政救濟案件之案源，稅捐核定作業之正確性有待加強；而取得執行憑證者占四二％，顯示惡意欠稅者可輕易脫產，不僅對守

截至89年底國稅未徵起原因金額分析圖（含營業稅）

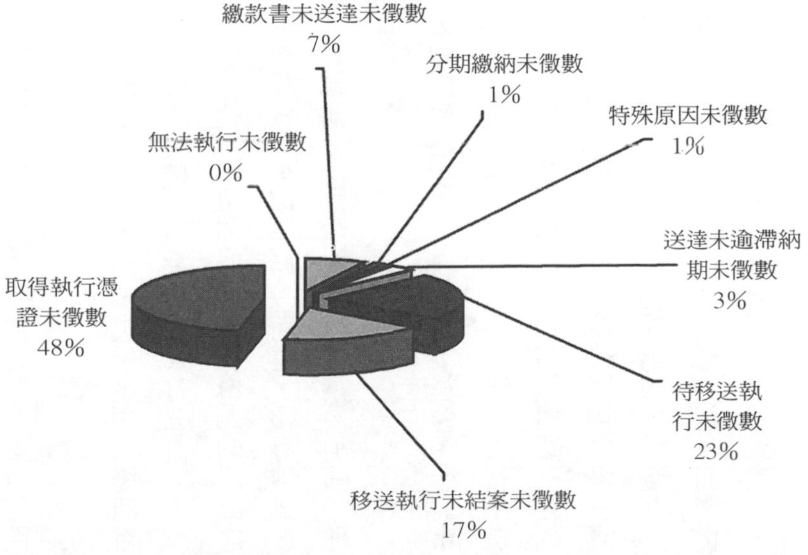

法的納稅人不公平，更是變相縱容逃漏稅，而最惡質的則是將財產移到大陸，國內欠稅卻不繳，已經造成「錢進大陸、稅留台灣」之情況。

又調查發現各區國稅局截至九十年十二月底之前十大欠稅大戶，欠稅金額高達四百八十六億餘元；而根據已移送法務部行政執行署執行的欠稅大戶，全國共有三百二十一件，其欠稅金額達二百十八億元以上，超過全國全部欠稅金額六百五十億元的三分之一，情況相當嚴重。繳稅係國民應盡的義務，惟對許多「欠稅大戶」而言，賴得越久，賺得越多，著實不符公平原則。因此黃委員要求財政部及法務部應妥謀善策，加強辦理催徵，以平息外界不平積怨，並兼顧增加國庫收入。

財政部為落實解決欠稅未結案件之處理，業由財政部賦稅署、稅制委員會、台北市國稅局及台北市稅捐稽徵處派員成立「欠稅未結案件專案研究處理小組」，將從現行稽徵實務面檢討如何改進欠稅未結案件之處理，並研議具體建議，提供稅捐稽徵機關落實執行，以期提高欠稅清理績效。另各國稅稽徵機關將繼續與行政執行署保持密切聯繫及溝通，並透過業務座談會，檢討執行案件，以利欠稅之徵起。據各區國稅局函報，截至九十年十二月底之大額欠稅四百八十六億餘元，至九十三年八月底之清理情形，總計尚未徵起且可歸責於稽徵機關之欠稅僅有十七件，計七十九億餘元，欠稅清理顯已初具成效。

貳、移民案

假榮民與幽靈人口

據賴文誠陳訴，榮民蘇○林（下稱蘇員）等四十八名居住於台北縣某地，上開人等係由蘇員向有關單位取得書表，攜帶給其同袍按捺指紋，以不實證件辦理申請榮民證件，惟渠等平常居住中國大陸，平時為空戶，僅逢選舉期間齊回台灣選舉，涉有幽靈人口妨害選舉之嫌。

經查房屋所有權人蘇員，蘇員一家六口自七十二年即設此地，歐○福等二人於八十年設籍居住該址迄今，另陳○盛等七人因出境二年未入境，已由該地戶政事務所逕行遷出註記。其中本案有三十八人係早年參加東山島戰役遭共軍俘虜，其後以對中華民國有功，由蘇員於八十二年起陸續代為申請來台定居，並享有榮民每月新台幣一三、五五○元補助，渠等均親自向該地戶政事務所辦理遷入登記，計有十二戶四十二人仍設籍該址，惟該址至九十二年十月僅有五人在台，餘均返回大陸。

黃煌雄委員為瞭解本案事實，於九十二年十月十四日分別函請內政部及行政院國軍退除役官兵輔導委員會查復。

黃委員根據調查綜整提出簡要調查意見如下：

一、行政院國軍退除役官兵輔導委員會未確實審查退除役官兵就養安置條件，又未依規定落實定期驗證機制，致多年未返回國內及十年內進出國境二百餘次的退除役官兵，每月仍領有就養給與，核與規定有違，易滋弊端，實有重大違失。

二、內政部警政署入出境管理局未落實出境滿二年的通報作業，戶政單位亦未落實戶口查察作業，致本案羅〇成等人出境已六年餘，戶政單位均未依戶籍法辦理渠等遷出登記，核有疏失。

三、本案除退除役官兵洪〇福等人違反台灣地區人民進入大陸地區許可辦法，未經申請許可即進入大陸地區；黃〇等人其大陸地區的許可證，業已超過有效期間三年，卻仍進入大陸地區，內政部警政署入出境管理局應詳予查明，並依規定處理。

本案經函請相關單位檢討改善，績效如下：（一）據本案蘇員全家人口所得資料，每人每月平均所得已逾榮民就養給與標準，台北縣榮民服務處已函報輔導會於九十三年四月十三日核定停止就養，餘七員亦依調查意見均按其戶籍遷出日停止就養，該處亦已依法追繳溢發之給與；（二）行政院國軍退除役官兵輔導委員會於九十三年三月二十九日修正發布就養榮民驗證規定，並主動與財政部國稅局、內政部戶政司、法務部、銓敘部及國防部等單位作資料比對及全面清查；研修「國軍退除役官兵就養安置辦法」，加強輔導會承辦就養安置審核及調配等業務，以建構就養安置查核機制。

人蛇集團與偷渡問題

據報載，九十二年八月二十六日，兩艘載運大陸偷渡女子來台漁船因躲避追緝，竟於西部外海將漁船上二十六名大陸偷渡女子推落海中，因

而造成六人溺斃慘劇，凸顯兩岸偷渡問題的嚴重性，不僅危害社會治安及威脅國家安全，更損及我國人權形象。

由於台灣四面環海，查緝走私及偷渡向為海防巡境主軸，解嚴以來，大陸偷渡犯來台情形氾濫，大多從事色情等違法工作，少數則涉及幫派等社會性犯罪，其中又有涉及滲透情蒐者，因走私及偷渡問題衍生的安全漏洞，對我國社會治安及經濟秩序已成嚴重威脅，黃委員遂主動提案進行調查。

本案除分函行政院海岸巡防署、行政院大陸委員會、內政部、法務部與國家安全局等部會說明相關事項，提供佐證資料，九十三年二月二日及四日，黃委員一行更特地前往海巡署海洋巡防總局暨所屬第二海巡隊、海岸巡防總局北部地區巡防局暨所屬南寮安檢所與桃園機動查緝隊，九十三年二月五日，前往警政署入出境管理局大陸地區人民新竹處理中心及桃園縣警察局，實地聽取海巡署及警政署相關簡報並舉行座談。

由於本案的癥結，在於人蛇集團的猖獗，針對海峽兩岸地理上的接近，以及利用我國海域及岸際巡防的盲點，才使偷渡問題變本加厲，黃委員因而提案糾正：

一、大陸偷渡犯突破我國海域及岸際巡防成功進入內陸者高達八成以上，其中又以北部地區最為嚴重，顯見海巡署對於海防未能有效防制，洵有怠失，行政院亦有監督考核不周之責。

據內政部警政署（下稱警政署）九十二年全年清查各大陸地區人民處理中心一、八三〇名偷渡犯之結果，來台當日被查獲者占百分之十九，在台期間一個月以內被查獲者占百分之五十四，半年內被查獲者占百分之二十；警政署於九十二年十一月一日至九十三年四月三十日實施「獵蛇專案」期間，復清查一、六一三人之結果，來台當日被查獲者占百分之二十，在台期間一個月以內被查獲者占百分之四十八，半年內被查獲者占百分之二十八；從以上數字均顯示成功偷渡進入內陸者高達百分之八十以上。（詳表一至二）

再就偷渡來台之上岸地點分析，上岸批數及人數最多之地點，依序為：台北、基隆、宜蘭、台中、屏東、台南、高雄沿岸，其中以北部地區台北、基隆、宜蘭三縣市海岸作為偷渡上岸地點者約為百分之八十五；實施「獵蛇專案」期間之清查結果，依序為：台北、基隆、宜蘭、台中、屏東、台南、桃園沿岸，幾乎完全相同，自台北、基隆、宜蘭三縣市偷渡上岸者約為百分之八十二。次多上岸地點為：中部之台中，南部之台南、高雄、屏東，北部之桃園海岸，惟人數相去甚遠。（詳表三）

二、由於人蛇集團猖獗，大陸偷渡犯人數不僅居高不下，且有朝企業化經營趨勢，但有

表一　我方查獲大陸偷渡犯時其來台期間統計

查獲時 來台期間	當日	一月內	半年內	一年內	二年內	超過二年	合計
92年 全年	345 19%	1,001 54%	365 20%	53 3%	51 3%	15 1%	1,830
獵蛇專案 期間	320 20%	782 48%	451 28%	45 3%	11 1%	4 0%	1,613

表二　我方查獲大陸偷渡犯之地點統計

查獲地點	海上	沿岸	內陸	合計
92年全年	233 13%	91 5%	1,505 82%	1,830
獵蛇專案 期間	173 11%	22 1%	1,418 88%	1,613

表三　偷渡犯來台上岸地點統計

上岸地點	基隆	宜蘭	台北	桃園	新竹	苗栗	台中	彰化	雲林	嘉義	台南	高雄	屏東	台東	花蓮	澎湖	金門	馬祖	合計
92年全年	333	134	1,105	40	26	15	52	2	3	1	28	37	35	5	10	0	3	1	1,830
獵蛇專案期間	195	129	1,004	37	8	5	55	15	30	6	38	16	43	43	17	5	2	1	1,613

關主管機關對人蛇集團的查緝，績效不彰且力有未逮，顯有怠失，行政院亦有監督核不周之責。

警政署統計，該署自七十六年至九十二年共計查獲大陸偷渡犯四三、六一九人，海巡署自八十九年成立至九十二年計查獲二、八三一人（另協辦查獲六六四人），法務部調查局（下稱調查局）自八十五年至九十二年查獲一、七一六人；九十二年該三機關共計查獲大陸偷渡犯三、八五〇人，較九十一年增加九四九人，查獲人數居高不下，不減反增。（詳表四）

綜上，據陸委會、海巡署及警政署表示：早期大陸偷渡犯入境後，多半四處瞎闖、口音衣著差異或自行尋覓雇主等因素，不久即行跡暴露而遭查獲，其後人蛇集團包辦之「偷渡保證班」、「三包」（包路上安全、包到台灣吃住、包介紹工作）方式，有組織、有計畫安排船隻接駁、掩護登岸、脫離現場等各環節，

表四　相關機關的偷渡犯查獲數目統計（76～92年度）

年度	76至85	85	86	87	88	89	90	91	92	合計
警政署查獲人數	31,403	1,598	1,053	1,117	1,718	1,339	1,213	1,833	2,345	43,619
海巡署查獲人數						341	375	816	1,299	2,831
調查局查獲人數		317	243	74	237	259	128	252	206	1,716
總計	31,403	1,915	1,296	1,191	1,955	1,939	1,716	2,901	3,850	48,166

每一過程專人接應，甚至舉辦「行前教育」，包括來台後注意事項、台灣風土民情及社會習慣、遇警盤查時之對策，採企業化經營。是以，偷渡問題之癥結在於人蛇集團猖獗，又可吸收偷渡失敗之成本，致偷渡犯來源、運輸管道、工作安排、洗錢管道均無虞匱乏。因此，必須正本清源，對處於上游及居間之人蛇集團，從嚴追訴處罰，方可有效遏止偷渡。

另外，因為偷渡問題又引發相關聯的後續問題，黃委員也要求有關單位檢討改進：

一、兩岸關係發展衍生大陸偷渡犯來台新課題，內政部允應以新思維調整編制與職責，從事境內查緝，才能正本清源，防止偷渡犯氾濫。

二、政府有關機關對於大陸偷渡犯引發的犯罪、公共衛生與國家安全等問題的查察掌握功能，均有待檢討改進。

三、政府有關機關對於防制大陸偷渡犯的協調工作欠缺積極合作精神，不利資源整合與查緝效果，核有不當。

四、海巡署允應衡量其本身的人力編制、科技能力及預算條件，策定優先順序，循序規劃擴充海上與空中偵巡能量，以應所需。

五、海巡署允應精進資訊運用效率，強化分析研究，破解偷渡模式，據以建置有效裝備，協助第一線執勤人員提高查緝績效。

六、對於大陸偷渡犯的遣返，政府應一面訴諸國際輿論，尋求國際關注，一面要求大陸當局增加遣返次數，縮短收容時間，以維護我國國家人權形象。

七、偷渡問題所衍生犯罪已成為最主要的新興犯罪，司法機關未能正視此一新形勢，加速偵審並妥適量刑，難收遏阻之效，允宜檢討妥處。

針對相關缺失，行政院已強化整體海防能力，內政部警政署並指示未設陸務科（課）的警察局全面成立陸

查緝人蛇集團不彰 監院糾正政院

〔記者李麗慎台北報導〕監察院通過糾正行政院，原因在於查緝人蛇集團成效不彰。據監察院表示，大陸偷渡犯突破海岸巡防，成功進入台灣者高達八成以上，人蛇集團猖獗且朝向企業化經營，但行政院未能落實政策指導與監督考核，以至於對人蛇集團查緝，績效不彰。根據監察院通過的糾正文表示，台灣四

查緝不力 人蛇猖獗 政院被糾正

八成偷渡犯闖關成功且企業化經營 顯示我海防空失

政院未落實指導與考核 監院認顯有怠失

緝人蛇集團績效不彰

監察院糾正行政院

務科（課），以健全大陸偷渡犯查緝系統；海巡署針對北部重點地區，增加勤務部署密度；遴選優秀幹部調派任職；整合離島岸際雷達；優先配賦高科技裝備；提高勤務督導密度。

移出與移入人口的兩極化發展

隨著全球化浪潮的延伸，通婚、外勞與偷渡等合法或非法途徑所形成的新興移民，已成為不少工業先進國家所面臨的重要課題，許多國家歷經大規模人口的移出或移入，其經濟、政治、社會與文化等層面皆因而產生重大變化，是以需要制訂不同的移民制度以因應國家發展的需要；惟移民政策的制訂，不僅要考量經濟成長所帶來的利益，也必須考量新進移入者對當地既有勞動市場所帶來的衝擊，以及移民後可能引發的一連串新的問題。

由於台灣並非傳統移入國，面對外來移民快速增加現象，移民業務事權分散、外籍勞工管理與人權維護、移民生活適應輔導、難民庇護安置與專業優秀人才延攬等問題，政府遲未研擬完整的移民政策與相關配套措施，甚至缺乏統合協調機制。

黃委員在主動調查我國移民政策及其執行績效總體檢案後，比較先進國家移民政策及執行狀況，以及我國移民政策及執行狀況後，對於我國現行人口結構出現空前的變化，深感憂慮。

長期以來，由於行政院未能建立明確的移民政策，導致我國移出與移入人口呈現兩極化發展；同時，由於行政院未能建立有效的獎勵機制，也導致我國在技術與投資移民的移出與移入人口呈兩極化發展；這兩種兩極化發展，相乘相加，遂導致我國人口結構出現五十年來未有之變化，嚴重影響國家發展。

由內政部台閩地區人民移居國外人數統計資料分析，自七十八年至九十一年我國移居國外總人數計三三三、二五〇人，其中移居美國一四七、二七四人最多，加拿大九二、五一六人居次，再次為紐西蘭的三三、六五五人及澳洲的二一、一一二人。（詳表五）

復依據僑務委員會調查九十一年美國、加拿大、紐西蘭、澳洲海外僑民概況資料顯示，移居美國僑民年齡集中在二十五歲至四十四歲，在教育程度上，碩、博士合計占美國移民的百分之三十九點三，大專程度占百分之三十八點七，總計大專以上程度占百分之七十八；移居加拿大僑民年齡集中在十五歲至二十九歲及四十歲至五十四歲間，呈雙峰分配，教育程度為大專程度者占百分之五十點二，但碩、博士比例占百分之十點七，總計大專以上程度占百分之六十點九；移居紐西蘭僑民年齡集中在十五歲至二十四歲，大專以上之教育程度占紐西蘭移民的百分之七十三；移居澳洲僑民之年齡集中在二十歲至二十九歲年輕人，比例高達百分之四十一點一，是澳洲移民結構上之特性，教育程度為大專程度者占百分之五十二點五，碩、博士合計占百分之二十點五，總計大專以上之教育程度占澳洲移民的百分之七十三；移居日本僑民之年齡集中在二十五歲至

表五　台閩地區人民移居國外人數統計表（78～91年度）（單位：人）

年＼國別	美國	加拿大	澳洲	紐西蘭	新加坡	巴西	阿根廷	巴拉圭	南非	合計
78	13,974	3,388	-	-	166	4,440	-	33	460	22,461
79	15,151	3,681	2,988	2,118	184	111	446	119	1,382	26,180
80	16,274	4,488	3,219	436	166	54	633	306	1,959	24,535
81	16,344	7,456	1,943	2,827	112	89	382	163	986	30,302
82	14,329	9,867	744	3,601	129	133	203	204	1,471	30,681
83	10,032	7,411	886	7,573	146	185	434	231	584	27,482
84	9,377	7,691	1,593	12,325	167	233	2,618	778	247	35,029
85	13,401	13,207	1,979	664	199	176	747	432	244	31,049
86	6,745	13,303	1,457	541	202	171	675	182	182	23,458
87	7,097	7,174	1,405	361	146	976	186	204	329	17,878
88	6,714	5,463	1,178	531	76	1,055	140	159	133	15,449
89	9,040	3,359	1,114	666	88	278	65	125	219	14,954
90	6,251	3,118	891	716	106	200	135	108	153	11,678
91	5,545	2,910	1,715	1,296	-	315	149	71	113	12,114
合計	147,274	92,516	21,112	33,655	1,887	8,416	6,813	3,115	8,462	323,250

移民素質高出低進
移入人口十多年來成長13倍 教育程度以國中小勞工及外籍新娘為主 而移出者大專程度約占八成

何博文／台北報導

監察院調查指出，行政院未能建立有…
勵機制，導致我國移…
人口卻呈現相反的極…
，將呈現兩極化失衡…
口總量管制導致問題…
調查監委黃煌雄、李…
的三萬餘人，於八十四…
上，九十二年更高達四…
監委指出，我國移入人…
外籍配偶中教育程度又以…
其次則僅為自修或小學，
反觀自七十八…

菁英出走 低素質者湧入
監院通過糾正案 直指行政部門怠惰

【記者高鼎鍚／報導】「優秀高素質青壯國人快速外移、低素質外籍配偶、外勞又大量流入，形成兩極化發展，台灣國力，正快速流失中」，監委黃煌雄、李伸一昨天公佈「我國移民政策」調查報告，直指行政部門怠惰，長期未建立明確移民政策與制度，也未建立有效獎勵制度引進來台投資、技術移民，還未針對移入人口進行總量管制與輔導規劃，衍生人才外流、新興移民衝擊台灣社會、教育、優生保健問題，監院昨天通過糾正行政院，要求儘速檢討改進。

黃煌雄指出，台灣解嚴後外移人口32萬多人，絕大多數是留學生、投資、技術移民，具備高學歷、高技術與高經濟能力，且絕大多數爲國家經濟發展主力的青壯年，反觀移入人口，以國中以下程度的外籍、大陸配偶及外勞爲主，移出入人口呈現「兩極化」現象，他憂心忡忡提出警告：如不儘速制訂移民政策，20年後，人口結構將重大變化，影響國力。

據警政署統計，近十年外僑居留人數明顯快速增加10倍，監院估算廣義移民高達60萬人，遠超過台灣第4大族群原住民人口，其中，外籍與大陸配偶人數不斷增加，已使台灣成爲新興移民社會，但有關生活、成人教育、就業、優生保健、子女教育、社會福利分配等問題重重，行政部門卻遲至去年11月才訂定「移民政策綱領」，此外，「入出國及移民法」公佈近5年，行政院仍未設置專責移民業務主管機關，行政效率低落。

李伸一指出，以去年爲例，嫁至台灣的越南新娘國小程度者占82%，外籍新娘生育率高達12%，所生「台灣之子」的教養問題，將嚴重影響20年後台灣社會，且政府沒有一套完整機制，外籍配偶不斷引進當地區親人來台依親，「東南亞、大陸依親移民像肉粽一樣，一提就是一串」，凸顯欠缺移入人口總量管制問題嚴重性。

監院指出，美國、加拿大、澳洲、紐西蘭等國家均設計完善制度吸引投資、技術移民，大大提升國家競爭力，反觀台灣迄未能因應世界潮流，…吸引外國優秀人才移台…從82至92年，獲准專案…灣才503人，其中大陸地區…科技人才及內政部對具…項貢獻或高科技外國人獲…者各兩人，合計僅4人，…灣優秀人才外流動輒…計，凸顯行政院長期未…效獎勵機制，導致我…移民類別的移出、移…構與數量，出現兩極…

移民政策兩極化

政院遭糾

…民原…政有…法，…審查…
…內政…調查，…姻男、…籍配偶…也不完全…」、「遷…

內政部 唱反調？
看不出外移人口大幅成長

【記者鍾蓮芳／報導】選後出現移民潮？移民公司表示，今年的選舉之後，確實有不少電話詢問移民的問題，但是「移民」對個人或家庭來說，通常是重大決定，「詢問」到「落實」有一段距離，真正辦移民的人並不如想像的多；內政部則說，看不出來我外移人口有大幅成長現象。

內政部民政司則表示，根據統計顯示，國人移往外國、喪失國籍的人數，從民國86年出現最高潮達到1200餘人之後，即逐年減低，到了89年進入最低潮爲763人，之後雖然逐年增加，去年一年爲869人，屬於穩定增加，也沒有達到86年的規模。至於今年選後人口外移情形，官方並未感受到大幅成長現象。

由於每年的移出人口都在8…因不一，也無從判斷移出人…錢；但政府爲吸引外國人才…放寬專業技術移民、經濟移…中。

至於國內移出入人口質…部強調，根據內政部新近…中外聯姻家庭的子女健康…女雙方的教育水準也沒有…的國人甚至是身心障礙…是移入外籍配偶的問題…能權」，婚姻移民問題…

表六　91年移居各地區僑民分布按性別、年齡、教育程度統計表

（單位：%）

	合計	美國	加拿大	澳洲	紐西蘭	日本
合計	100.0	100.0	100.0	100.0	100.0	100.0
性別						
男	45.6	45.8	43.0	46.8	54.2	24.0
女	54.4	54.2	57.0	53.2	45.8	76.0
年齡						
0-14歲	2.3	1.4	3.4	4.3	8.3	2.0
15-19歲	4.3	2.5	9.8	7.1	10.4	0.7
20-24歲	10.4	8.9	14.0	26.2	29.2	6.0
25-29歲	12.8	13.7	8.5	14.9	6.3	19.3
30-34歲	13.2	14.8	7.7	10.6	4.2	14.0
35-39歲	10.7	11.5	6.8	6.4	6.3	9.3
40-44歲	10.5	10.3	13.6	6.4	4.2	11.3
45-49歲	10.2	9.6	8.9	9.9	6.3	16.0
50-54歲	10.9	11.1	10.6	6.4	18.8	8.0
55-59歲	5.5	5.6	6.4	3.5	4.2	4.7
60-64歲	3.0	3.4	3.4	1.4	-	2.0
65歲以上	5.5	6.8	6.0	2.1	2.1	5.3
不知道／拒答	0.6	0.3	0.9	0.7	-	1.3
教育程度						
高中職及以下	28.7	20.1	37.0	25.5	25.0	46.7
大專	41.2	38.7	50.2	52.5	66.7	37.3
碩士	20.5	28.1	7.7	19.1	6.3	10.0
博士	7.7	11.2	3.0	1.4	-	2.7
不知道／拒答	1.9	1.9	2.1	1.4	2.1	3.3

三十四歲及四十歲至四十九歲間，教育程度為大專以上程度占百分之五十。（詳表六）

依據內政部統計資料顯示，九十二年持有效外僑居留證外籍配偶人數為八五、七二一人，其中國籍以越南的五二、一七三人為最多，其次依序為印尼的一一、六四八人，泰國的七、一四三人，總計國籍為東南亞國家者高達七九、四七一人。（詳表七）

復據內政部警政署入出境管理局（以下簡稱境管局）於七十九年統計大陸配偶首次申請人數為三三三人，至九十二年增加為三〇、九〇三人，合計截至九十二年止大陸配偶首次申請人數為一八四、九五五人。（詳表八）因此，九十二年外籍與大陸配偶人數累計已高達二七〇、六七六人。

表七　歷年持有效外僑居留證外籍配偶統計表（按國籍分）（87～92年度）

（單位：人）

國籍	87年	88年	89年	90年	91年	92年
總計	8,245	20,088	41,228	60,693	74,451	85,721
越南	1,338	5,994	19,846	32,600	42,835	52,173
印尼	4,808	3,908	6,648	10,121	10,662	11,648
菲律賓	503	2,479	3,091	3,599	3,830	3,945
泰國	188	2,195	3,681	4,881	6,114	7,143
緬甸	537	839	1,133	1,052	682	636
柬埔寨	220	633	1,499	2,023	2,399	2,654
馬來西亞	128	847	1,014	1,152	1,241	1,272
其他	523	3,193	4,316	5,265	6,688	6,250

而根據內政部戶政司九十二年外籍與大陸配偶生活狀況調查資料觀察，外籍配偶之年齡以十五歲至二十四歲最多，占百分之四十四點六，其次為二十五歲至三十四歲，占百分之四十點七，其中東南亞國家配偶之年齡以十五至二十四歲最多，占百分之四十六點五；大陸配偶之年齡以二十五歲至三十四歲最多，占百分之五十五點五，其次為三十五至四十四歲，占百分之二十一。（詳表九）

在教育程度上，外籍配偶教育程度以國中、初職最多，占百分之三十四點六，其次為自修或小學，占百分之三十一點九。另按國籍分，東南亞國家配偶以國中、初職為主，占百分之三十五點七，大陸配偶教育程度以國中、初職最多，占百分之四十點六。（詳表十）

根據內政部警政署統計資料，九十二年台閩地

表八　大陸配偶首次申請人數及入境人數統計表（79～92年）

（單位：人）

年度	79	80	81	82	83	84	85	86	87	88	89	90	91	92	合計
首次申請人數	323	279	1,615	2,005	4,600	10,874	9,800	11,207	13,888	19,003	24,174	28,493	27,791	30,903	184,955
入境人數	160	165	339	1,079	3,192	9,574	9,987	10,918	13,091	17,571	22,075	27,258	26,228	28,598	170,235

表九　外籍與大陸配偶性別及年齡統計表

（單位：人；%）

	外籍配偶				大陸配偶	
	合計		東南亞國家	其他國家	人數	百分比
	人數	百分比				
總計	82,358	100.0	100.0	100.0	93,551	100.0
性別						
男	4,243	5.2	2.9	56.1	4,161	4.4
女	78,115	94.8	97.1	43.9	89,390	95.6
年齡別						
15-24歲	36,743	44.6	46.5	2.0	10,579	11.3
25-34歲	33,554	40.7	41.3	29.3	51,944	55.5
35-44歲	8,861	10.8	9.6	36.5	19,636	21.0
45-54歲	2,353	2.9	2.2	17.3	7,841	8.4
55-64歲	642	0.8	0.4	10.2	2,339	2.5
65歲以上	205	0.2	0.1	4.6	1,212	1.3

表十　外籍與大陸配偶教育程度統計表

（單位：人；%）

	合計		不識字	自修小學	國中初職	高中高職	大專以上
	人數	百分比					
總計	175,909	100.0	2.6	25.0	37.8	24.6	10.0
外籍配偶	82,358	100.0	2.9	31.9	34.6	21.2	9.4
東南亞國家	78,824	100.0	3.0	33.1	35.7	21.3	6.9
其他國家	3,534	100.0	0.3	5.6	10.3	19.0	64.8
大陸配偶	93,551	100.0	2.3	18.8	40.6	27.5	10.8

區年滿十五歲以上外僑居留人數，其中經濟活動以外籍勞工二八三、二三九人為最多，占年滿十五歲以上之外僑居留人數百分之七一點六四，而非勞動力人數達七九、一二六人。（詳表十一）

就行業觀察，八十三年至九十二年外籍勞工均以製造業人數為最多，另社會及個人服務業，外籍勞工人數從八十三年十二月的一三、四五八人，至九十二年十二月為一二〇、五九八人，增加近九倍之多。（詳表十二）

而八十三年至九十二年外籍勞工均以泰國人數（均逾十萬人）為最

表十一　外僑居留人數按經濟活動分類統計表

（單位：人；%）

年(月)別	合法居留外僑人數													
	合計			年滿十五歲以上居留外僑按經濟活動分										未滿十五歲者
	計	男	女	計	商	工程師	教師	傳教士	技工技匠	外籍勞工	其他	失業	非勞動力	
81年	44,441	29,134	15,307	38,788	2,394	1,002	1,527	1,832	601	11,264	2,559	1,058	16,551	5,653
82年	94,601	67,802	26,799	88,721	2,258	942	1,802	1,856	522	60,720	2,746	1,011	16,864	5,880
83年	159,305	113,184	46,121	153,351	2,388	885	1,789	1,706	510	125,153	2,936	1,124	16,860	5,954
84年	220,537	149,796	70,741	214,348	3,080	1,025	1,781	1,562	861	179,192	6,270	1,887	18,690	6,189
85年	253,906	166,546	87,360	247,490	2,699	976	2,001	1,825	673	210,993	5,660	2,016	20,647	6,416
86年	268,670	168,518	100,152	262,188	3,034	1,093	2,169	1,741	437	222,951	5,784	1,987	22,992	6,482
87年	296,629	177,175	119,454	290,428	3,377	1,656	2,544	1,821	472	244,489	7,824	2,238	26,007	6,201
88年	339,186	185,806	153,380	333,171	3,834	1,890	2,876	1,848	488	280,160	11,042	2,303	28,730	6,015
89年	388,189	183,171	205,018	382,833	4,049	2,020	3,812	1,907	513	308,122	16,969	2,561	42,880	5,356
90年	383,663	167,094	216,569	379,048	4,053	2,269	4,435	1,925	491	287,337	16,140	3,022	59,376	4,615
91年	410,268	164,388	241,363	399,607	4,987	3,417	5,976	2,014	392	288,878	18,312	4,043	71,588	10,661
92年	405,284	157,046	248,238	395,366	4,034	3,145	5,958	2,048	277	283,239	13,563	3,976	79,126	9,918
比例(%)	100.00	38.57	61.25	100.00	1.02	0.80	1.51	0.52	0.07	71.64	3.43	1.00	20.01	-

表十二　台閩地區外籍勞工在華人數按行業分類統計表（83～92年度）

（單位：人）

行業別	83年12月	84年12月	85年12月	86年12月	87年12月	88年12月	89年12月	90年12月	91年12月	92年12月
總計	151,989	189,051	236,555	248,396	270,620	294,967	326,515	304,605	303,684	300,150
農業	1,044	1,454	1,384	1,144	1,109	993	1,185	1,249	2,935	3,396
製造業	109,170	132,636	162,482	165,534	168,173	173,735	181,998	157,055	156,697	162,039
食品製造業	2,926	3,681	4,810	4,061	4,419	4,520	4,683	4,511	4,514	4,680
紡織業	23,859	23,796	32,706	32,479	32,962	33,818	32,916	28,026	27,505	26,911
成衣及服飾品業	3,323	3,555	3,870	3,614	3,533	2,664	3,214	2,575	2,399	2,318
皮革及毛皮業	2,235	2,905	3,032	2,766	2,432	2,220	1,948	1,613	1,507	1,441
木竹製品業	1,956	2,216	2,466	1,935	1,835	1,539	1,659	1,285	1,152	906
家具及裝設品業	151	208	142	205	298	272	305	214	211	218
紙漿及紙製品業	2,815	3,697	3,957	4,039	3,771	3,530	3,855	3,455	3,302	3,339
印刷及有關事業					170	220	226	243	292	303
化學材料業	1,002	1,362	1,467	1,477	1,548	1,578	1,986	1,892	1,721	1,716
化學製品業	1,249	1,542	2,303	2,199	1,936	1,758	1,729	1,607	1,576	1,570
石油及煤製品製造業						1	1	-	-	-
橡膠製品業	3,827	4,749	4,968	5,003	4,939	4,848	4,805	4,251	4,148	4,475
塑膠製品業	8,375	11,622	12,042	12,160	11,343	10,990	11,511	10,184	9,708	9,880
非金屬礦物業	7,434	7,610	10,060	9,008	8,177	7,015	6,972	6,141	5,971	6,177
金屬基本工業	11,379	15,581	16,010	15,784	13,970	11,190	11,228	10,315	9,755	9,717
金屬製品	13,958	16,214	18,839	19,456	17,713	16,973	18,234	16,413	16,470	17,175
機械設備業	3,961	4,096	4,483	4,597	5,481	7,434	7,830	6,643	6,388	7,120
電力及電子機械業	15,628	23,629	33,701	38,209	42,732	49,020	53,029	44,135	47,121	23,811
運輸工具業	4,425	5,429	6,756	6,906	6,830	7,272	7,678	6,949	6,856	7,253
精密器械業	440	491	637	710	876	796	986	752	852	695
雜項工業	227	253	233	926	3,208	6,077	7,203	5,851	5,249	5,010
營造業	28,317	37,554	42,434	42,606	47,946	45,446	37,001	33,367	23,341	14,117
社會及個人服務業	13,458	17,407	30,255	39,112	53,392	74,793	106,331	112,934	120,711	120,598

多，以馬來西亞人數為最少。（詳表十三）由上述統計資料顯示，目前我國移入人口係以婚姻移民人口及外籍勞工為主。

綜上，我國嬰兒出生率已逐年下降，六十五歲以上的老年人口則逐年攀升，我國人口已呈現老年化之現象，又從我國移出人口資料分析，自七十八年至九十一年我國移居國外總人數已高達三一三、二五〇人，其中以移居美國、加拿大、紐西蘭及澳洲等國家為多，移出人口之年齡均集中在青壯年，以具大專以上之教育程度居多，美國僑民為百分之七十八、加拿大僑民為百分之六十點九、紐西蘭及澳洲僑民為百分之七十三；另九十二年外籍與大陸配偶人數為二七〇、六七六人，其中外籍配偶與大陸配偶之年齡以青年人口為多，惟在教育程

表十三　台閩地區外籍勞工在華人數按國籍分類統計表（83～92年度）

（單位：人）

年底	總計	印尼	馬來西亞	菲律賓	泰國	越南
83年	151,989	6,020	2,344	38,473	105,152	-
84年	189,051	5,430	2,071	54,647	126,903	-
85年	236,555	10,206	1,489	83,630	141,230	-
86年	248,396	14,648	736	100,295	132,717	-
87年	270,620	22,058	940	114,255	133,367	-
88年	294,967	41,224	158	113,928	139,526	131
89年	326,515	77,830	113	98,161	142,665	7,746
90年	304,605	91,132	46	72,779	127,732	12,916
91年	303,684	93,212	35	69,426	111,538	29,473
92年	300,150	54,289	22	81,895	103,792	59,837

度上，外籍與大陸配偶教育程度均以國中、初職以下者為多，占百分之六十五點四。再從九十二年台閩地區年滿十五歲以上外僑居留人數之經濟活動觀之，目前我國移入人口係以婚姻移民人口及外籍勞工為主。在在顯示長期以來，由於行政院未能建立明確的移民政策及制度，導致我國移出與移入人口呈現兩極化發展，也導致技術與投資移民在移出和移入人口呈現兩極化發展，人口結構因而出現近五十年來前所未有之變化，嚴重影響國家發展。

黃委員為深入瞭解外籍與大陸配偶在台生活適應問題，在工作過程中曾實地至十個縣市與外籍及大陸配偶舉行座談，並訪視其家庭生活狀況，共計召開諮詢及座談會議十八個場次，出席人數五四五人。根據這些實地訪查及座談，充分暴露出行政院不但事先未縝密規劃移入人口輔導方案，亦未曾謹慎考量我國移入人口總量管制問題，導致各項問題叢生。對於這些因為移民政策所引發相關聯的後續問題，黃委員也要求有關單位檢討改進：

一、入出國及移民法於八十八年五月二十一日公布後，至今已近五年，行政院仍未設置專責移民業務的主管機關，實有未當。

二、行政院允宜儘速研議制度制定難民庇護法，以落實人權跨越國界的普世價值，並與國際人權接軌。

三、行政院允應督促各部會正視外籍與大陸配偶來台生活適應過程中所遭遇的種種問題與需求，並研擬具體解決方案。

四、行政院未能統合移出與移入的移民統計資料，致無法獲得正確數據，以作為規劃與執行移民政策的參據，亟待檢討改進。

五、內政部僅針對外籍與大陸配偶訂定相關輔導措施，對於其他非以婚姻移民方式來台者，則未有相關具體輔導方案，實有不當。

六、教育部迄今仍未能擬訂相關獎勵措施或法令制度，以吸引外來優秀留學生來台，實應積極檢討改進。

七、教育部在辦理外籍配偶家庭教育活動允應與內政部加強互動協調，以落實辦理外籍配偶的家庭教育工作。

八、勞委會辦理各項外籍勞工管理輔導工作及加強雇主與外籍勞工溝通能力成效有限，允應積極檢討改進。

九、衛生署允應正視我國人口結構的改變與大量婚姻移民人口移入現象，積極倡導優生觀念，確實落實衛生管理，以提升我國人口素質。

由於本案調查報告用力甚深，行政院以極其慎重的態度，在九十三年九月十五日函覆監察院的內文中有了正面回應，明確確立了政策目標，並建立了必要機制：

●政策目標

1. 引導國家所需人口之移入，維持穩定人口成長。
2. 塑造包容多元文化的社會環境。
3. 降低移入人口對國家社經及安全衝擊。

●建立必要機制

1. 人口適量調節機制。
2. 完整移入人口管理機制。
3. 婚姻媒合管理機制。
4. 創新多元文化社會機制。

附　錄

監察院黃煌雄委員調查案件統計分析表

編號	案由	推派單位	派查日期	案件性質	調查委員人數	主查	審議日期	調查意見	處理辦法	備註
001	台北地院審理李○鴻被訴竊占案件，判決不當案。	院派	88／02／08	一般	2	*	88／06／23	原判決無違失		
002	花蓮縣鳳義坑山坡地遭濫墾濫伐案。	院派	88／02／09	一般	2	*	88／06／15	提出調查意見四項	小糾正	
003	高鐵興建經費是否依法籌措案。	自動調查	88／02／10	一般	2		89／08／15	提出調查意見四項	小糾正	
004	國防部推動「精實方案」，允宜檢討案。	自動調查	88／02／10	重大	2	*	88／07／21	提出調查意見七項	小糾正	請參閱本書國防類
005	國防部所屬預算分配結構檢討案。	自動調查	88／02／10	特殊重大	2	*	88／09／23	提出調查意見五項	小糾正	請參閱本書國防類
006	張○雲被訴過失致死案，台南地院判決有罪不當案。	院派	88／02／19	一般	2	*	88／03／16 程序結案	司法審理中		
007	陳○財具台籍老兵資格，未能領取撫卹金案。	自動調查	88／02／24	一般	2	*	88／05／20	提出調查意見三項	小糾正	
008	棲蘭山林區森林永續經營計畫是否涉有違失案。	自動調查	88／02／25	一般	2	*	88／06／04	提出調查意見六項	調查意見第一至四項糾正農委會、退輔會、省農林廳林務局其餘小糾正	
009	衛生署任用無公務員任用資格之高層主管擔任公職案。	自動調查	88／02／25	一般	2	*	88／05／21	提出調查意見三項	調查意見第一項糾正衛生署	「醫事人員人事條例」於88／07／15經總統公布，衛生署組織法暨疾管局組織條例亦同時修正通過，任用問題獲徹底解決

編號	案由	推派單位	派查日期	案件性質	調查委員人數	主查	審議日期	調查意見	處理辦法	備註
010	台中地檢署主任檢察官起訴鄧○宏詐欺罪嫌不當案。	院派	88/02/25	一般	2		88/09/28	經查尚難認檢察官有指導證言、辦案偏頗之情		
011	八十七年度政府執行營繕工程及採購案件保留款偏高案。	院派	88/03/02	重大	5		88/09/16	提出調查意見三項	糾正行政院	
012	聯勤二○三兵工廠於八十八年三月二日發生爆炸案。	自動調查	88/03/06	一般	2		88/04/22	提出調查意見七項	調查意見第一至六項糾正國防部	
013	高院審理李○芳被訴詐欺案件，判決違失案。	院派	88/03/10	一般	1	*	89/02/23	提出調查意見三項	小糾正	
014	原能會核發核四廠建照涉有瑕疵案。	自動調查	88/03/20	一般	2	*	88/04/23	提出調查意見二項	糾正原能會及環保署	
015	中央政府總預算赤字擴大案。	自動調查	88/03/22	特殊重大	3		89/04/17	提出調查意見六項	調查意見第三項糾正行政院其餘小糾正	
016	省政府撤銷核四廠專用漁業權部分海域之行政處分不當案。	自動調查	88/03/22	一般	2		88/06/04	提出調查意見三項	小糾正	
017	桃園地院裁定江○田交付感訓處分不當案。	院派	88/03/23	一般	1	*	88/08/11	提出調查意見三項	小糾正	
018	雲林縣斗六市公所不辦理蔡○晃土地撤銷徵收案。	院派	88/04/06	一般	1	*	88/11/17	提出調查意見二項	小糾正	
019	彰銀等行庫近兩年逾放比及呆帳過高案。	自動調查	88/04/08	重大	3		89/03/08	提出調查意見五項	小糾正	
020	國防部對機密等級區分無標準案。	國情委員會	88/05/04	重大	3		89/03/23	提出調查意見八項	小糾正	

編號	案由	推派單位	派查日期	案件性質	調查委員人數	主查	審議日期	調查意見	處理辦法	備註
021	新竹縣稅捐處違法課徵再興育樂開發公司稅款案。	院派	88／05／24	一般	1	*	88／09／29	提出調查意見二項	小糾正	陳訴人權益獲解決
022	台南地院審理張○雲被訴過失致死案件判決不當案。	院派	88／06／01	一般	2	*	88／11／22	函請法務部轉檢察總長研提非常上訴見復		
023	教育改革實施成效之調查案。	教文委員會	88／06／01	重大	3		89／01／13	提出調查意見七項	小糾正	
024	台北縣石碇鄉公所延宕核發顏○井農舍建照案。	自動調查	88／06／04	一般	2	*	88／09／07	提出調查意見五項	調查意見第一項糾正台北縣政府其餘小糾正	陳訴人權益獲解決
025	北縣汐止鎮長周○美違反地方制度法第四十八條案。	自動調查	88／06／04	一般	2	*	88／10／05	提出調查意見四項	小糾正	
026	經濟部在WTO入會雙邊諮商談判中不當處理汽車配額案。	自動調查	88／06／04	一般	2	*	88／12／10	提出調查意見六項	小糾正	
027	彰化二水農會與法務部調查局處理黃○男本票詐騙不當案。	自動調查	88／06／04	一般	2	*	88／09／28	提出調查意見四項	小糾正	
028	高院審理洪○賢被訴瀆職案件不當案。	院派	88／06／16	一般	1	*	88／08／31	原判決尚難認有違失		
029	教育部開放國小教科書違反公平競爭機制案。	自動調查	88／06／21	一般	2	*	88／11／11	提出調查意見三項	糾正教育部	
030	台糖公司違反經濟部決議，拒絕提出一年來進口砂糖相關資料及單據案。	自動調查	88／06／23	一般	2	*	88／09／29	提出調查意見二項	小糾正	

編號	案由	推派單位	派查日期	案件性質	調查委員人數	主查	審議日期	調查意見	處理辦法	備註
031	近年來我國發生金融危機，政府對股市管理與金融危機之問題案。	財經委員會	88/07/02	特殊重大	3		89/01/21	提出調查意見十項	小糾正	
032	近年來我國發生金融危機，股市穩定基金及企業紓困小組運作之問題案。	財經委員會	88/07/02	特殊重大	3		89/01/07	提出調查意見三項	小糾正	
033	近年來我國發生金融危機，其預警制度建立與金融危機防止之問題案。	財經委員會	88/07/02	特殊重大	3		88/12/24	提出調查意見六項	小糾正	
034	故宮博物院放縱員工福利委員會違法動支經費案。	自動調查	88/07/06	一般	2	＊	89/01/13	提出調查意見四項	小糾正	
035	警方及桃園地院辦理楊○偉因車禍身亡不當案。	院派	88/07/28	一般	1	＊	88/11/22	警方及歷審法院判決均無違失		
036	涂○芳參加中央大學企管研究所入學考試未予錄取案。	自動調查	88/08/18	一般	2	＊	88/09/16	提出調查意見二項	小糾正	
037	台中縣政府同意興建大安垃圾焚化廠出爾反爾案。	自動調查	88/08/20	一般	2		88/12/10	提出調查意見二項	小糾正	
038	空軍F16型戰機失事率偏高案。	自動調查	88/08/20	一般	2		88/12/23	提出調查意見八項	小糾正	
039	陸軍飛彈指揮部六六七愛國者飛彈營事故缺失不斷案。	國情委員會	88/09/02	一般	3		88/12/23	提出調查意見六項	小糾正	
040	「社區總體營造」總體檢案。	自動調查	88/09/17	特殊重大	3	＊	89/11/16	提出調查意見九項	小糾正	請參閱本書總體檢案

編號	案由	推派單位	派查日期	案件性質	調查委員人數	主查	審議日期	調查意見	處理辦法	備註
041	台中師範學院院長劉○川涉嫌綁標、圖利廠商，並濫權將黃○潭免職案。	自動調查	88／09／23	一般	2	*	89／01／13	提出調查意見三項	小糾正	
042	總統於九二一地震後，發布緊急命令之相關問題案。	自動調查	88／10／14	特殊重大	2		89／09／13	提出調查意見二項	小糾正	
043	宜蘭地政事務所不當將陳○英所有土地讓售予陸軍總司令部案。	自動調查	88／10／14	一般	2	*	89／01／19	尚難認有違失		
044	基隆港務局所召開之「淡水港關建對淡水漁會漁業影響補償」第九次協調會議，決策過程粗糙有疑點案。	自動調查	88／10／14	重大	2	*	89／09／19	提出調查意見六項	調查意見第三、四項糾正交通部其餘小糾正	
045	台中市省三國小以曾○俞身體殘障為由，不予續聘不當案。	自動調查	88／10／19	一般	2		89／02／23	提出調查意見三項	小糾正	
046	幻象二○五三號戰機，於八十八年十月十五日晚間六時實施夜間飛行訓練時墜海案。	自動調查	88／10／19	重大	2	*	89／06／22	提出調查意見四項	小糾正	
047	九二一地震後，二級古蹟「霧峰林家花園」毀損，主管機關處理過程有無違失案。	自動調查	88／10／22	一般	2		89／02／16	提出調查意見三項	小糾正	請參閱本書文化類
048	九二一地震造成學校嚴重毀損，其中國中小學部分，施工建造不良，及災後學校之應變措施和復學狀況案。	教文委員會	88／10／29	一般	5		89／06／15	提出調查意見七項	調查意見第一、二項糾正教育部其餘小糾正	

編號	案由	推派單位	派查日期	案件性質	調查委員人數	主查	審議日期	調查意見	處理辦法	備註
049	新聞局駁回丁○中申請籌設廣播頻道，及未依法撤銷ICRT廣播頻道之許可案。	院派	88/11/16	一般	1	*	89/04/13	尚難認有違失		
050	台北縣府辦理台北大學特定區開發，區段徵收三鶯加油站土地，秦○南申請原位置分配，該府延宕不處理案。	院派	88/12/08	一般	1	*	89/04/07	提出調查意見二項	小糾正	陳訴人權益獲得確保
051	經濟部智慧財產局先後核准「香香」商標，致渠權益受損案。	自動調查	88/12/16	一般	2	*	92/08/06	提出調查意見二項	小糾正	
052	內政部社會司處理柔道協會第七屆理監事改選事宜，違反人民團體法案。	自動調查	88/12/16	一般	2	*	89/07/19	行政救濟程序中，程序結案		
053	高等法院等歷審法院審理張○山等人被訴詐欺等案件，認事用法不當案。	院派	89/01/07	一般	1	*	89/05/10	判決無違失		
054	「國土保全總體檢」崩塌及土石流區部分。	自動調查	89/01/14	特殊重大	4		89/12/18	提出調查意見五項	糾正行政院	請參閱本書總體檢案
055	「國土保全總體檢」洪氾區部分。	自動調查	89/01/14	特殊重大	4		90/01/03	提出調查意見五項	調查意見第一至四項糾正行政院	請參閱本書總體檢案
056	「國土保全總體檢」海岸侵蝕區部分。	自動調查	89/01/14	特殊重大	4		89/12/18	提出調查意見五項	糾正行政院、經濟部、內政部	請參閱本書總體檢案
057	「國土保全總體檢」斷層區及其他部分。	自動調查	89/01/14	特殊重大	4	*	89/12/18	提出調查意見三項	糾正行政院	請參閱本書總體檢案

編號	案由	推派單位	派查日期	案件性質	調查委員人數	主查	審議日期	調查意見	處理辦法	備註
058	「國土保全總體檢」地盤沉陷區部分。	自動調查	89/01/14	特殊重大	4		90/01/03	提出調查意見二項	糾正行政院	請參閱本書總體檢案
059	國土保全總體檢總案。	自動調查	88/06/21	特殊重大	4	*	90/01/15	彙整上述五分案，說明國土保全的回顧、缺失與展望		請參閱本書總體檢案
060	中國國民黨產取得事宜，主管機關有無違失案。	自動調查	89/01/20	一般	4	*	90/04/20	提出調查意見三項	小糾正	請參閱本書黨產案
061	台北市地政處代管大安區復興段一小段一四五地號土地不當案。	自動調查	89/01/24	一般	2	*	89/05/24	提出調查意見二項	小糾正	
062	台北縣政府等拆除八里華富山靈骨塔違章建築，涉有官商勾結等不法情事案。	院派	89/01/25	一般	1	*	89/06/12	提出調查意見二項	調查意見第一項糾正內政部及台北縣政府	
063	彰化縣政府辦理「彰化市東側外環道路新闢工程興建計畫」案，諸多違失案。	自動調查	89/02/23	一般	2	*	89/08/16	無違失		
064	板橋地檢署主任檢察官張○興涉嫌賭博，損害司法形象，違反公務員服務法案。	司獄委員會	89/03/07	一般	2	*	89/08/09	提出調查意見二項	彈劾張○興小糾正	彈劾案成立，被彈劾人遭休職二年處分
065	教育改革之績效追蹤調查案。	教文委員會	89/03/23	一般	3		90/06/14	提出調查意見九項	小糾正	
066	國立台灣科學教育館館長圖利特定廠商案。	自動調查	89/03/29	一般	2	*	90/01/11	提出調查意見四項	小糾正	

編號	案由	推派單位	派查日期	案件性質	調查委員人數	主查	審議日期	調查意見	處理辦法	備註
067	台中高分院審理李○洲被訴違反檢肅流氓條例案，作成交付感訓處分不當案。	院派	89／04／17	一般	1	*	89／06／14	原裁判無違失		
068	科學園區之體制與產、官、學互動之檢討案。	自動調查	89／04／26	一般	3	*	89／09／15	提出調查意見四項	小糾正	
069	國軍推動軍機商維及國有民營進度緩慢之問題案。	國情委員會	89／04／29	一般	2	*	90／01／18	提出調查意見七項	調查意見第一、五、六、七項糾正國防部、經濟部，其餘小糾正	
070	台南縣新化眾生教養院未經合法立案，長期違法收容身心障礙者案。	自動調查	89／05／17	一般	3		89／01／20	提出調查意見四項	小糾正	台南縣政府89／06／14日宣布解散眾生教養院，並實施「未立案眾生教養院院生緊急安置計畫」
071	高雄市政府消防局於無營利事業登記及消防設備不符合法令規定之「原宿廣場」舉辦消防節歌唱比賽，涉有違失案。	院派	89／05／24	一般	1	*	89／09／20	提出調查意見二項	小糾正	
072	行政院、經濟部、桃園縣政府與蘆竹鄉公所維護長生電廠，損害人民權益案。	自動調查	89／06／05	一般	3	*	89／11／08	提出調查意見五項	小糾正	
073	彰化市民權路二四七巷整排違建攤販區應拆未拆，彰化縣政府長期包庇案。	院派	89／06／08	一般	1	*	89／09／05	無違失		

編號	案由	推派單位	派查日期	案件性質	調查委員人數	主查	審議日期	調查意見	處理辦法	備註
074	國防政策總體檢案。	自動調查	89／05／18	特殊重大	3	*	90／07／19	機密	小糾正	請參閱本書國防類
075	中油基隆八斗子油庫不當擴建案。	自動調查	89／06／12	一般	2	*	89／12／18	提出調查意見二項	小糾正	
076	桃園縣龍潭大漢溪河床與稻田鉻一三七污染，影響環境生態案。	自動調查	89／06／15	一般	2		89／11／16	提出調查意見二項	小糾正	
077	桃園地院治安法庭法官審理曾〇國遭誣陷違反檢肅流氓條例涉有違失案。	院派	89／06／21	一般	1	*	89／12／13	提出調查意見四項	小糾正	
078	陳〇男因債務糾紛經檢察官以竊盜罪起訴，台南高分院違法以侵占罪判刑不當案。	自動調查	89／06／30	一般	2		89／10／11	原判決無違失		
079	產業政策與永續發展總體檢案。	自動調查	89／07／11	特殊重大	3	*	91／01／02	提出調查意見二十二項	調查意見第一、二項糾正行政院其餘小糾正	請參閱本書總體檢案
080	台北市國中小學校長遴選委員會決議至善國中校長不得連任，並將老師檢舉函外洩案。	自動調查	89／07／12	一般	2	*	89／11／16	提出調查意見三項	小糾正	
081	教育部於九二一震災後委託社會大學文教基金會辦理災後再造大學專案，違反採購法及獨厚該基金會案。	院派	89／07／18	一般	1	*	89／11／16	提出調查意見三項	小糾正	

編號	案由	推派單位	派查日期	案件性質	調查委員人數	主查	審議日期	調查意見	處理辦法	備註
082	台南高分院撤銷第一審無罪之判決改判黃○貴詐欺罪不當案。	自動調查	89／07／29	一般	2		89／11／29 程序結案	案件審理中		
083	我國社會福利制度總體檢案。	自動調查	89／08／10	特殊重大	3	*	90／11／06	提出調查意見二十二項	調查意見第一、二項糾正行政院其餘小糾正	請參閱本書總體檢案
084	黃○亮遭教育電台枉予記過，中正理工學院不當撤銷學籍案。	自動調查	89／08／16	一般	2	*	89／11／23	提出調查意見三項	小糾正	
085	彭○坤等被訴誣告等案件，新竹地院等歷審法院，判決不當案。	院派	89／08／18	一般	1	*	89／12／27	原判決認事用法無違失		
086	國道高速公路兩旁廣告物林立案。	自動調查	89／08／22	一般	3	*	89／12／19	提出調查意見二項	糾正交通部高速公路局、相關直轄市、縣（市）政府	
087	雲林縣政府辦理「崙背國中遷校新建第一期工程」，延宕十年未能結案。	院派	89／09／02	一般	1	*	89／11／15	提出調查意見二項	糾正雲林縣政府	
088	教育部中部辦公室對於台南縣私立港明高中召集董事會議改選第十三屆董事等事宜，諸多刁難案。	院派	89／09／11	一般	1	*	90／02／15	查尚無具體事證，證明刁難情實		
089	台北縣政府辦理板橋市擴大都市計畫，地形圖套繪錯誤，致王○丸等合法建物竟有部分位於計畫道路上案。	內少委員會	89／10／07	一般	1	*	90／06／20	提出調查意見二項	小糾正	

編號	案由	推派單位	派查日期	案件性質	調查委員人數	主查	審議日期	調查意見	處理辦法	備註
090	中時晚報刊登劉冠軍案筆錄，台北地檢署乃以國家安全為由搜索中時晚報報社案。	自動調查	89／10／12	特殊重大	2		92／05／14	提出調查意見五項	小糾正	
091	花蓮縣豐濱鄉公所八十七年度辦理垃圾衛生掩埋場用地購置案，涉有違反法定採購程序案。	院派	89／11／14	一般	1	＊	90／03／06	提出調查意見四項	調查意見第一至三項糾正花蓮縣豐濱鄉公所其餘小糾正	
092	高雄地院辦理八十二年度執字第八三七六號強執事件違法點交；另陸總部軍法處未將不起訴處分書送達陳訴人不當案。	自動調查	89／11／24	一般	2	＊	90／04／11	提出調查意見二項	小糾正	
093	金門「閩南文化與戰地文化」維護總體檢案。	自動調查	89／12／02	一般	2	＊	90／06／14	提出調查意見七項	調查意見第四、五項糾正行政院其餘小糾正	請參閱本書文化類
094	台北地院等歷審法院審理該院八十五年度易字第六四五〇號張〇發被訴詐欺案件，未詳查事證案。	院派	89／12／16	一般	1	＊	90／04／11	原判決無違失		
095	高雄市政府辦理「前金行政中心北側立體停車場暨三民公園地下停車場新建工程」委託規劃設計不當案。	院派	89／12／27	一般	1	＊	90／04／17	提出調查意見四項	小糾正	

編號	案由	推派單位	派查日期	案件性質	調查委員人數	主查	審議日期	調查意見	處理辦法	備註
096	台北地院等歷審法院審理林○君被訴恐嚇取財、誹謗罪案，未詳查事證，遽行判決不當案。	院派	90／02／16	一般	1	*	90／06／13	提出調查意見三項	小糾正	
097	濁水溪上新西螺大橋、自強大橋及中二高濁水溪橋，受砂石開採及河川沖刷影響，橋墩嚴重裸露案。	自動調查	90／02／22	一般	3		90／08／08	提出調查意見二項	糾正經濟部、交通部	
098	師範校院定位與發展之探討案。	教文委員會	90／02／26	特殊重大	6		91／02／21	提出調查意見七項	小糾正	
099	金門地區掃雷工作之體檢案。	自動調查	90／03／13	特殊重大	2	*	90／08／23	提出調查意見四項	小糾正	
100	台北縣土城市廷寮坑段外藤寮坑小段二○八之七九地號土地上之違建，台北縣政府未確實拆除案。	院派	90／03／13	一般	1	*	90／07／18	屬私權爭執		
101	台北縣淡水鎮坪頂社區山坡地開發案，台北縣政府未依山坡地開發建築管理辦法規定核發建造執照案。	院派	90／03／14	一般	1	*	90／09／04	提出調查意見二項	小糾正	
102	聯勤總部對「財團法人私立三軍托兒所」之經費運用等，有監督不週情事案。	自動調查	90／04／11	一般	2	*	90／10／18	提出調查意見三項	小糾正	
103	台灣高等法院審理李○陽與張○郎互訴詐欺案件，未詳查事證，判決不當案。	自動調查	90／04／13	一般	2	*	90／11／14	提出調查意見三項	提起非常上訴	最高法院檢察署檢察總長接受並依法提起非常上訴

編號	案由	推派單位	派查日期	案件性質	調查委員人數	主查	審議日期	調查意見	處理辦法	備註
104	中國石油股份有限公司經營管理績效之檢討案。	財經委員會	90／04／17	特殊重大	5		91／09／17	提出調查意見七項	調查意見第一至六項糾正經濟部、中油公司其餘小糾正	
105	台北市政府公有收費停車場基金管理及內部控管機制欠佳案。	交採委員會	90／04／27	一般	1	*	90／10／16	提出調查意見三項	小糾正	
106	「國軍資訊作戰戰力之全面檢討」調查案。	國情委員會	90／05／04	特殊重大	3		92／01／23	提出調查意見八項	小糾正	
107	相關機關就雲林縣草嶺堰塞湖水上遊憩活動安全問題之處理，有無怠忽職責情事案。	自動調查	90／05／11	重大	2		91／01／22	提出調查意見二項	小糾正	
108	邱○隆因土地增值稅事件提起訴願，惟桃園縣稅捐稽徵處審理後仍予核課不當案。	自動調查	90／05／11	一般	2	*	90／10／03	本件課稅尚難認有違誤		
109	基隆港警所隊長張○智等，非首功人員卻請領首功獎金案。	自動調查	90／05／14	一般	2	*	90／09／04	提出調查意見三項	小糾正	
110	太平洋建設公司興建之「太平洋商務中心」涉嫌廣告不實，公平交易委員會未依法妥適處理案。	院派	90／05／15	一般	1	*	91／06／18	提出調查意見二項	小糾正	
111	台北縣三峽瀝青公司於特定農業區內建築大型違章工廠，並排放廢氣案。	自動調查	90／05／22	一般	2		90／10／17	提出調查意見三項	調查意見第一、二項糾正台北縣政府其餘小糾正	

編號	案由	推派單位	派查日期	案件性質	調查委員人數	主查	審議日期	調查意見	處理辦法	備註
112	經濟部水利處將台灣地區「水道」皆列為「可通運水道」，據而劃定沿岸一定限度土地禁止私有，涉有濫權解釋案。	院派	90／05／28	一般	1	＊	90／09／05	提出調查意見三項	小糾正	
113	社區大學總體檢案。	自動調查	90／06／05	特殊重大	3	＊	91／04／11	提出調查意見八項	小糾正	請參閱本書教育類
114	行政院訴願審議委員會無端剝奪高○敏訴願權益案。	院派	90／06／22	一般	1	＊	92／08／11 程序結案	最高行政法院審理中		
115	軍中專司「保防、反情報」之政四保防與軍事安全系統內，長期存在兼差「直銷、傳銷」事業案。	自動調查	90／07／11	重大	3		91／01／24	提出調查意見三項	小糾正	
116	台北地院民事執行處辦理台北國際商銀與陳○動間強制執行案件，涉有查封標的錯誤、違法管收等情案。	院派	90／07／24	重大	2	＊	93／12／17 程序結案	司法審理中		
117	彰化縣私立培元中學董事之選聘及董事兼出納，違反私立學校法，教育部准予核備不當案。	自動調查	90／07／24	一般	2	＊	90／12／13	提出調查意見四項	小糾正	
118	國軍退役軍官轉任中共解放軍幹部案。	自動調查	90／07／24	重大	2	＊	91／01／24	提出調查意見二項	小糾正	
119	台北縣政府及土城市公所違法通過土城都市計畫變更案。	自動調查	90／07／26	重大	2		90／12／19	提出調查意見四項	小糾正	

編號	案由	推派單位	派查日期	案件性質	調查委員人數	主查	審議日期	調查意見	處理辦法	備註
120	雲林地檢署偵辦蔡○風涉嫌瀆職案，違法羈押並涉有濫權起訴案。	自動調查	90／08／02	重大	3		91／05／15	提出調查意見三項	小糾正	
121	台東地政事務所竄改地籍圖，致楊徐○卿所有已保存登記之住宅，遭法院判決必須拆屋還地案。	院派	90／08／21	一般	1	＊	90／12／04	提出調查意見二項	小糾正	
122	基隆市政府徵收陳○麵所有坐落基隆市七堵區五堵段下坡小段土地，惟高速公路局並無使用之必要案。	自動調查	90／08／23	一般	2	＊	91／01／04	提出調查意見二項	小糾正	
123	經濟部水利處第五河川局於八掌溪興村里過溪地區設置堤防及水門規劃設計不當案。	自動調查	90／08／27	重大	2	＊	91／01／15	提出調查意見三項	小糾正	
124	雲林縣虎尾地區農地鎘污染案。	自動調查	90／09／10	一般	2	＊	91／02／06	提出調查意見六項	糾正農委會、環保署、雲林縣政府	請參閱本書人權類
125	嘉義縣政府辦理太保市農會解聘總幹事楊文雄核備違法案。	院派	90／09／10	重大	2	＊	91／05／07	提出調查意見三項	小糾正	
126	「霧峰林家」古蹟保存維護及其相關問題案。	自動調查	90／09／26	一般	2	＊	90／12／19	提出調查意見五項	小糾正	請參閱本書文化類
127	台北市政府工務局處理「力霸皇家大廈」輻射屋不當案。	院派	90／09／28	一般	1	＊	91／01／16	提出調查意見二項	小糾正	

編號	案由	推派單位	派查日期	案件性質	調查委員人數	主查	審議日期	調查意見	處理辦法	備註
128	台北市中山區衛生所等處理李○輝違反醫師法第二十八條規定執行中醫師業務不當案。	院派	90/10/17	一般	1	*	91/03/06	提出調查意見五項	小糾正	
129	桃園地院檢察署偵辦彭○慧車禍致死案件，違法扣押車輛及延宕不予偵結案。	院派	90/10/30	一般	2	*	91/06/12	提出調查意見四項	調查意見第一項糾正桃園縣警察局其餘小糾正	
130	雲林縣政府決定於林內鄉設置焚化爐不當案。	院派	90/11/07	一般	2	*	91/03/20	提出調查意見三項	小糾正	
131	全國稅捐稽徵機關未徵起稅款及罰鍰過高案。	財經委員會	90/11/12	重大	2	*	91/06/18	提出調查意見九項	小糾正	請參閱本書財經類
132	國道客運路線營運年限設定不當案。	院派	90/11/15	一般	2		91/05/21	提出調查意見二項	小糾正	
133	嘉義縣政府處理長庚醫療專業區用地取得相關問題案。	自動調查	90/12/20	一般	2	*	91/06/19	提出調查意見五項	小糾正	
134	兒童及少年性交易防制條例公布施行後，政府相關機關執行績效檢討案。	自動調查	91/01/09	重大	2	*	91/10/01	提出調查意見五項	小糾正	請參閱本書人權類
135	行政院環保署辦理希臘阿瑪斯號貨輪油污案之後續求償事宜案。	自動調查	91/01/22	一般	1	*	91/05/08	提出調查意見三項	小糾正	
136	從「戒急用忍」到「積極開放、有效管理」相關措施的體檢案。	自動調查	91/01/30	特殊重大	2	*	91/11/06	提出調查意見五項	調查意見第一至三項糾正行政院其餘小糾正	

編號	案由	推派單位	派查日期	案件性質	調查委員人數	主查	審議日期	調查意見	處理辦法	備註
137	暨南國際大學前校長李○同涉嫌浪費公帑案。	院派	91／02／06	一般	1	*	91／06／13	提出調查意見二項	小糾正	
138	中央廣播電台使用嘉義縣民雄鄉頂寮段土地案。	自動調查	91／02／07	重大	2	*	91／08／20	提出調查意見三項	小糾正	
139	行政院海岸巡防署接收財政部關稅總局巡緝艦機器故障案。	自動調查	91／02／19	一般	2		91／06／19	提出調查意見四項	調查意見第一、二項糾正財政部關稅總局其餘小糾正	
140	教改後，教科書版本衍生問題案。	自動調查	91／02／22	重大	2		91／09／12	提出調查意見五項	小糾正	
141	我國金融國際競爭力總體檢案。	自動調查	91／03／08	特殊重大	4	*	92／06／17	提出調查意見三十六項	調查意見九項糾正行政院及財政部其餘小糾正	請參閱本書財經類
142	環保署核准日商三菱重工業株式會社參加採購招標不當案。	院派	91／03／08	一般	1	*	91／06／18	提出調查意見二項	小糾正	
143	國小鄉土語言教學問題案。	教文委員會	91／03／14	特殊重大	3		91／12／12	提出調查意見十三項	小糾正	
144	中央存款保險公司處理中興銀行事件涉有違失案。	院派	91／03／22	一般	2	*	91／10／02	無違失		
145	財政部核准中興銀行盈餘轉增資不當案。	院派	91／03／27	一般	2	*	91／10／02	提出調查意見七項	調查意見第一項糾正財政部其餘小糾正	請參閱本書財經類

編號	案由	推派單位	派查日期	案件性質	調查委員人數	主查	審議日期	調查意見	處理辦法	備註
146	台南高分院審理八十九年度上易字第九〇八號刑事案件判決不當案。	院派	91／04／09	重大	2	*	92／02／19	提出調查意見二項	提起非常上訴	最高法院檢察署檢察總長依法提起非常上訴，並推翻原判決改判無罪
147	「水資源之開發、調配及管理問題」調查案。	財經委員會	91／04／16	重大	5		91／12／17	提出調查意見十四項	小糾正	
148	「中央政府所屬非營業循環基金之總體檢」調查案。	自動調查	91／04／19	特殊重大	3	*	92／07／02	提出調查意見十四項	調查意見第一、二項、八項糾正行政院、經濟部其餘小糾正	
149	國營事業土地及建物之管理與運用總體檢案。	自動調查	91／04／19	特殊重大	3	*	92／11／05	提出調查意見十四項	調查意見第二、三項糾正行政院、經濟部、財政部及交通部其餘小糾正	
150	台南市安南區學西社區發展協會侵占垃圾掩埋場回饋金案。	自動調查	91／04／24	一般	2	*	91／08／21	提出調查意見二項	小糾正	台南市政府刻已研訂「台南市廢棄物處理場（廠）回饋自治條例」，俾使回饋作業有所依循。
151	台南縣將軍鄉公所不當占用陳〇國土地案。	自動調查	91／04／24	一般	2	*	91／07／17	提出調查意見二項	小糾正	
152	國軍在一般作戰設施、裝備等計畫方面，有支出保留數百分比偏高案。	國情委員會	91／05／06	重大	3		92／06／19	極機密	糾正行政院	

編號	案由	推派單位	派查日期	案件性質	調查委員人數	主查	審議日期	調查意見	處理辦法	備註
153	高院審理陳○生自訴林○福等偽造文書案件，判決不當案。	院派	91／05／14	重大	2	*	92／01／15	本案尚無率斷違誤之情		
154	海軍譯電上士劉○龍涉及妨害軍機洩密案。	自動調查	91／06／19	重大	3	*	91／11／21	提出調查意見三項	彈劾海軍新江軍艦前任艦長任○中及現任艦長方○桐 糾正海軍總司令部	彈劾案成立
155	藥事法第一○三條修正條文公布近四年，政府仍未頒訂相關措施及舉辦考試案。	自動調查	91／06／20	一般	2	*	91／09／17	提出調查意見三項	小糾正	
156	台南地檢署法醫鑑定涂○平死因不當案。	自動調查	91／06／24	一般	2		92／05／20	提出調查意見二項	小糾正	
157	大專院校學生因經濟因素而休、退學之比率過高案。	自動調查	91／07／15	重大	2	*	91／11／14	提出調查意見三項	小糾正	
158	彰化縣轄內農地土壤受重金屬污染嚴重案。	院派	91／07／17	重大	2	*	91／11／19	提出調查意見十七項	調查意見七項糾正經濟部、農委會、環保署、衛生署及彰化縣政府 其餘小糾正	請參閱本書人權類
159	軍公教人員及退職資深民意代表所享有之十八%優惠存款利率適法案。	自動調查	91／07／25	一般	2	*	91／11／14	提出調查意見二項	小糾正	

編號	案由	推派單位	派查日期	案件性質	調查委員人數	主查	審議日期	調查意見	處理辦法	備註
160	台灣高院等審理黃○麟被訴詐欺案判決違失案。	院派	91／08／12	一般	1	*	92／01／15	歷審法院認事用法無違誤		
161	經濟部礦務局等辦理礦業用地變更核定不當案。	自動調查	91／08／16	一般	2	*	91／12／17	提出調查意見二項	調查意見第二項糾正行政院農委會林務局其餘小糾正	
162	經濟部水利署第四河川局辦理南投縣竹山鎮瑞竹里加走寮溪疏濬工程違失案。	院派	91／09／09	重大	1	*	92／04／02	提出調查意見四項	小糾正	
163	海洋與台灣相關課題總體檢案。	自動調查	91／09／16	特殊重大	6	*	93／04／07	提出調查意見三十九項	調查意見第一至六項糾正行政院其餘小糾正	請參閱本書總體檢案
164	海洋與台灣——海洋環境保護、海洋產業政策與海洋及海岸管理部分案。	自動調查	91／09／16	特殊重大	3	*	93／04／07	提出調查意見十七項		請參閱本書總體檢案
165	海洋與台灣——海洋觀光遊憩、海洋科學研究及工程技術部分案。	自動調查	91／09／16	特殊重大	3	*	93／04／07	提出調查意見十項		請參閱本書總體檢案
166	海洋與台灣——沿岸及漁村建設、海洋文化資產維護與海洋教育的部分案。	自動調查	91／09／16	特殊重大	2	*	93／04／07	提出調查意見十一項		請參閱本書總體檢案
167	台北市政府警察局交通大隊員警勾結民間地磅業者案。	院派	91／09／20	一般	1	*	92／01／22	提出調查意見三項	調查意見第一、二項糾正台北市政府警察局其餘小糾正	
168	柯○斌退休權益受損案。	自動調查	91／10／11	一般	2		92／01／16	提出調查意見一項	小糾正	

編號	案由	推派單位	派查日期	案件性質	調查委員人數	主查	審議日期	調查意見	處理辦法	備註
169	重大金融弊案之不法態樣、偵查及審理情形調查案。	自動調查	91／10／14	重大	4	*	92／08／13	提出調查意見九項	調查意見第一至三項、第五項糾正財政部、法務部 其餘小糾正	請參閱本書財經類
170	雍興實業公司所有坐落台北縣新莊市福營段土地所有權疑義案。	自動調查	91／10／15	一般	2	*	92／05／07	陳訴人所述容有誤會		
171	台北縣政府未切實執行拆除淡水鎮中正路國有土地上之違建案。	自動調查	91／10／24	一般	2	*	92／02／19	提出調查意見二項	小糾正	台北縣政府修訂違建拆除認定標準，陳訴人權益獲解決。
172	台北地院台北簡易庭審理陳○姬與東方大廈管理委員會間請求回復原狀事件，判決違失案。	院派	91／11／01	一般	1	*	92／05／14	提出調查意見二項	小糾正	
173	台中市政府未依法處理「慈航寺」違建案。	院派	91／11／14	一般	1	*	92／03／05	提出調查意見二項	小糾正	
174	台北大眾捷運公司電子電路板等設備，未依法發包維修案。	院派	91／11／26	一般	1	*	92／03／18	提出調查意見三項	小糾正	
175	台電公司於澎湖縣湖西鄉尖山村興建尖山發電廠，回饋金撥付瑕疵案。	自動調查	91／11／29	一般	2	*	92／03／18	提出調查意見四項	小糾正	
176	桃園縣中壢市興仁國小侵害教師權益案。	自動調查	91／11／27	一般	2	*	92／01／16	提出調查意見三項	小糾正	

編號	案由	推派單位	派查日期	案件性質	調查委員人數	主查	審議日期	調查意見	處理辦法	備註
177	台北市政府警察局交通大隊員警開單告發不當朋分獎金案。	自動調查	91／12／06	一般	2	*	92／04／02	提出調查意見四項	小糾正	
178	國防部高等軍事法院等辦理雙連坡兵舍整建、龍陵營區營站等工程弊案不當案。	院派	91／12／16	重大	1	*	92／06／11	提出調查意見二項	小糾正	
179	交通部台灣鐵路管理局辦理鐵路車輛清洗清潔採購弊案。	院派	92／01／06	一般	1	*	92／06／17	本案採購尚難認有違失		
180	交通部公路總局辦理東西向快速公路高雄潮州線上寮－萬大大橋段工程效能過低案。	院派	92／01／20	重大	1	*	92／06／17	提出調查意見二項	小糾正	
181	台北市政府延期辦理里長選舉案。	院派	92／01／30	重大	3		92／05／21	提出調查意見五項	調查意見第一至三項糾正台北市政府其餘小糾正	
182	國防二法執行績效總體檢案。	自動調查	92／02／11	特殊重大	2	*	93／04／22	提出調查意見十三項	小糾正	請參閱本書國防類
183	為訴請鄭○榮交還房屋事件，台中地院判決敗訴不當，致權益受損案。	院派	92／02／20	重大	2	*	92／06／11	原判決尚難認有違失		
184	國防部陸軍總司令部辦理宜蘭縣頭城鎮龜山島徵收過程涉有瑕疵案。	自動調查	92／02／26	一般	2	*	92／05／22	提出調查意見二項	小糾正	

編號	案由	推派單位	派查日期	案件性質	調查委員人數	主查	審議日期	調查意見	處理辦法	備註
185	苗栗縣警察局頭份分局未公平處理黃○雄與鄰居蕭○煥間之糾紛案。	院派	92／02／26	重大	2	*	92／11／19	提出調查意見四項	調查意見第一、二項糾正苗栗縣警察局其餘小糾正	
186	教育部介入、接管或處理私立學校董事會相關問題案。	教文委員會	92／03／04	特殊重大	2	*	92／12／11	提出調查意見五項	小糾正	
187	砂石開發供應方案執行績效檢討案。	財經委員會	92／03／04	特殊重大	4		92／12／16	提出調查意見二項	小糾正	
188	中國石油化學公司台南市安順廠遭戴奧辛污染嚴重案。	自動調查	92／03／07	重大	2	*	92／09／16	提出調查意見三項	調查意見第一、二項糾正經濟部其餘小糾正	
189	中山科學研究院等國防關鍵科技人才流失情形案。	國情委員會	92／03／07	特殊重大	8		92／12／18	提出調查意見五項	小糾正	
190	財政部台北市國稅局核課幸林建設公司稅款不當案。	院派	92／03／18	一般	1	*	92／06／17	提出調查意見三項	小糾正	
191	健全國民教育、師資培育與教師進修制度之成效與檢討案。	教文委員會	92／03／26	特殊重大	4		93／09／16	提出調查意見十一項	調查意見第一至五項糾正教育部其餘小糾正	
192	教育改革之成效與檢討案。	教文委員會	92／03／25	特殊重大	9	*	93／12／16	提出調查意見十六項	調查意見第一至十一項糾正教育部其餘小糾正	
193	提升技職教育與追求高等教育卓越發展之成效與檢討案。	教文委員會	92／03／25	特殊重大	3		93／08／12	提出調查意見十二項	調查意見第一至三項糾正教育部其餘小糾正	

編號	案由	推派單位	派查日期	案件性質	調查委員人數	主查	審議日期	調查意見	處理辦法	備註
194	我國推動終身教育之成效與檢討案。	教文委員會	92／03／25	特殊重大	2	*	93／08／12	提出調查意見十二項	調查意見第一項糾正行政院其餘小糾正	請參閱本書教育類
195	新竹市政府辦理九十一學年度第二學期校長遴選違失案。	自動調查	92／03／27	一般	2	*	92／07／10	提出調查意見三項	小糾正	
196	復興航空公司班機在台南機場發生飛安事件案。	自動調查	92／03／27	重大	6		92／08／27	提出調查意見八項	彈劾空軍四四三聯隊隊長沈○添等六人 糾正空總暨所屬四四三聯隊、民航局暨所屬台南航空站	彈劾案成立
197	苗栗縣政府辦理九十二年度國中小教科書統一版本選用違失案。	自動調查	92／04／18	一般	2	*	92／06／12	提出調查意見二項	調查意見第一項糾正苗栗縣政府其餘小糾正	
198	國防大學校長陳○湘違法同意文史系教師陳○珠出國進修案。	自動調查	92／05／07	一般	2		92／09／18	提出調查意見五項	調查意見第一至四項糾正國防部其餘小糾正	
199	行政院衛生署未依法審理景元公司所提產品生體相等性試驗之申請案。	自動調查	92／05／21	一般	2	*	92／07／11報請結案	最高行政法院審理中		行政救濟程序中
200	花蓮縣豐濱鄉港口國小僅六十二人，辦理工程補助款採購案花費一千四百多萬元，涉嫌貪瀆案。	自動調查	92／05／28	一般	2	*	93／01／15	提出調查意見三項	彈劾花蓮縣豐濱鄉港口國小前校長李○豐 小糾正	彈劾案成立

編號	案由	推派單位	派查日期	案件性質	調查委員人數	主查	審議日期	調查意見	處理辦法	備註
201	台北縣政府警察局永和分局員警處理伏〇漫逾期居留，涉嫌違法搜索案。	院派	92／05／29	重大	1	*	92／07／16	提出調查意見三項	小糾正	
202	大棟營造公司承攬阿公店水庫浚渫工程違失案。	自動調查	92／05／29	一般	3		93／08／04	提出調查意見三項	小糾正	
203	林〇欉於戒嚴時期服刑時受指派執行牙醫師職務，國防部拒絕提供證明文件案。	自動調查	92／06／03	一般	2	*	92／09／18	本案業獲解決		請參閱本書人權類
204	我國移民政策及其執行績效總體檢案。	自動調查	92／06／06	特殊重大	2	*	93／07／07	提出調查意見十一項	調查意見第一至三項糾正行政院其餘小糾正	請參閱本書移民類
205	交通違規罰單之比例過高案。	自動調查	92／06／06	一般	2	*	92／09／16	提出調查意見五項	調查意見第一、二項糾正交通部及內政部警政署其餘小糾正	請參閱本書人權類
206	張〇院遭湖口裝甲師實彈演習之流彈擊中致死，國防部未予賠償撫卹或任何補償案。	院派	92／06／17	一般	1	*	92／10／23	提出調查意見三項	小糾正	
207	台北縣三重市公所處理三重果菜市場用地紛爭，延宕多時案。	自動調查	92／06／24	重大	2	*	92／12／17	提出調查意見五項	調查意見第一項糾正台北縣政府及台北縣三重市公所其餘小糾正	
208	彰化縣政府辦理該縣一三九號道路拓寬工程徵收不當案。	院派	92／06／27	一般	1	*	92／10／22	提出調查意見三項	小糾正	

編號	案由	推派單位	派查日期	案件性質	調查委員人數	主查	審議日期	調查意見	處理辦法	備註
209	台中縣潭子鄉「摘星山莊」古蹟不動產所有權取得問題案。	自動調查	92／07／03	一般	2	*	92／10／22	提出調查意見二項	小糾正	請參閱本書文化類
210	退輔會八德榮民安養中心辦理九十二年度「單身亡故榮民喪葬事務」採購弊案。	院派	92／07／10	一般	1	*	92／11／20	提出調查意見三項	小糾正	
211	教育部及台中縣政府要求國民中小學教師兼任主計、人事工作及午餐執行秘書涉有違失案。	自動調查	92／07／24	一般	2	*	92／12／11	提出調查意見二項	小糾正	
212	「祭祀公業鄭○陶」名下不動產之管理人變更登記案。	自動調查	92／07／24	一般	2	*	92／10／22	提出調查意見二項	請陳訴人再依法申請	
213	南投縣中小學教師甄選作業違失案。	自動調查	92／07／30	一般	2		92／11／13	提出調查意見三項	小糾正	
214	交通部建造南二高，施工不當，損害黃陳○枝土地案。	院派	92／08／25	一般	1	*	92／11／18	陳訴人容有誤解		
215	兩岸偷渡問題案。	自動調查	92／09／03	重大	2	*	93／06／02	提出調查意見九項	調查意見第一、二項糾正行政院其餘小糾正	請參閱本書移民類
216	小山勇開發公司於苗栗縣頭屋鄉申請設置「土石方資源堆置場」案。	自動調查	92／09／05	一般	2		93／01／07	提出調查意見三項	小糾正	陳訴人權益已獲解決
217	高院判決許○材被訴詐欺有罪不當案。	自動調查	92／09／05	重大	2	*	93／02／27程序結案	陳訴人蒐證中		

編號	案由	推派單位	派查日期	案件性質	調查委員人數	主查	審議日期	調查意見	處理辦法	備註
218	教育部所屬預算分配結構之檢討案。	自動調查	92／09／15	重大	3	*	93／06／10	提出調查意見九項	小糾正	請參閱本書教育類
219	高雄地院等歷審法院審理張○菊被訴過失傷害案，判決不當案。	院派	92／09／15	一般	1	*	92／12／29	歷審法院判決認事用法尚無違誤		
220	蘇○林等四十八人，平時居住於中國大陸，以不實證件申請榮民津貼等福利待遇，相關機關涉有違失案。	自動調查	92／09／16	重大	2	*	93／02／19	提出調查意見四項	調查意見第一項糾正行政院國軍退除役官兵輔導委員會其餘小糾正	請參閱本書人權類
221	二二八事件及戒嚴時期不當叛亂暨匪諜審判案件之受裁判者，其申請補償、回復名譽等權益案。	自動調查	92／10／03	一般	2	*	93／02／18	提出調查意見一項	小糾正	請參閱本書人權類
222	經濟部擬以行政作業程序，將中油資產減資繳庫，涉有違法案。	院派	92／10／06	一般	2	*	93／04／20	提出調查意見三項	小糾正	
223	海軍陸戰隊司令部辦理「鼓風機總成採購」案驗收違失案。	院派	92／10／06	一般	1	*	93／01／29	提出調查意見二項	小糾正	
224	行政院在原住民鄉鎮推動地方文化產業績效之檢討案。	自動調查	92／10／09	重大	2	*	93／05／05	提出調查意見八項	調查意見第一項糾正行政院其餘小糾正	請參閱本書文化類
225	台灣士林地院民事執行處辦理強制執行事件有延宕執行之嫌案。	院派	92／10／22	一般	1	*	92／12／10	士林地院尚無延宕執行及刁難閱卷情事		

編號	案由	推派單位	派查日期	案件性質	調查委員人數	主查	審議日期	調查意見	處理辦法	備註
226	台北市政府對於「瓦上春土資場」申請營運許可案之審核程序涉有瑕疵案。	自動調查	92／10／27	重大	2	＊	93／06／02	提出調查意見五項	調查意見第三、四項糾正台北市政府其餘小糾正	
227	行政院違法編製九十三年度預算案。	院派	92／11／14	重大	3	＊	93／07／08	提出調查意見十六項	調查意見第一、二項糾正行政院其餘小糾正	
228	國防部軍事情報局現、退職官員遭中共吸收在台發展共諜網，影響國家安全案。	自動調查	92／11／18	重大	2	＊	93／05／21	提出調查意見四項	小糾正	
229	台北縣蘆洲市公所違法核發「祭祀公業蘆洲市林氏天上聖母」派下員證明書案。	院派	92／11／28	一般	1	＊	93／02／18	本案涉私權爭執，依法應逕向法院訴請裁判解決		
230	宜蘭縣冬山鄉公所辦理都市計畫變更涉有違失案。	自動調查	92／12／09	一般	2	＊	93／03／03	提出調查意見二項	小糾正	陳訴人陳訴問題已解決中
231	高雄市政府環境保護局不進用陳○旺為清潔隊隊員案。	院派	92／12／22	一般	1	＊	93／03／16	提出調查意見二項	小糾正	
232	財政部台灣省南區國稅局岡山稽徵所核退惠勝公司溢繳營業稅款案。	自動調查	92／12／31	一般	2	＊	93／05／18	提出調查意見三項	小糾正	
233	國防部三軍聯訓基地濫墾濫挖，造成屏東縣恆春地區排水系統失衡案。	自動調查	93／01／07	一般	2	＊	93／04／22	提出調查意見二項	小糾正	恆春鎮公所來函致謝

編號	案由	推派單位	派查日期	案件性質	調查委員人數	主查	審議日期	調查意見	處理辦法	備註
234	屏東縣建城一百三十年歷史之「恆春古城」古蹟保存維護案。	自動調查	93／01／07	一般	2	*	93／04／07	提出調查意見二項	調查意見第一項糾正屏東縣政府其餘小糾正	請參閱本書文化類
235	台灣省漁會經營之三重示範漁市場用地產權複雜，無法有效利用案。	自動調查	93／01／13	一般	2	*	93／04／07	提出調查意見三項	小糾正	
236	大華技術學院涉嫌浮報並侵占教育部補助之教師獎助金案。	院派	93／01／15	一般	1	*	93／07／15	提出調查意見二項	小糾正	
237	九二一地震雲林縣古坑鄉草嶺堀沓大崩山簡氏家族土地迄未重建案。	院派	93／02／06	一般	1	*	93／05／19	提出調查意見二項	糾正行政院九二一震災災後重建推動委員會、行政院農業委員會	請參閱本書人權類
238	「智慧財產權保護及執行措施績效之檢討」調查。	財經委員會	93／02／24	特殊重大	5		93／12／21	提出調查意見十四項	小糾正	
239	工程會對台電公司辦理「新竹區營業處配電中心」採購案，審議不公案。	院派	93／02／24	一般	1	*	93／05／18	提出調查意見五項	小糾正	
240	東和紡織印染公司辦理減資彌補虧損課稅疑義案。	自動調查	93／02／26	一般	2	*	93／05／05	提出調查意見二項	調查意見第一項糾正財政部其餘小糾正	
241	「國防二法實施後，國軍文官制度之檢討」調查案。	國情委員會	93／02／26	特殊重大	6		93／12／23	提出調查意見十五項	小糾正	
242	行政院舉辦公民投票涉有違失案。	院派	93／03／04	特殊重大	3		94／01／26程序結案	訴訟進行中		

編號	案由	推派單位	派查日期	案件性質	調查委員人數	主查	審議日期	調查意見	處理辦法	備註
243	中華郵政公司違法核發孫○倫較低職等俸級之薪資，致權益受損案。	院派	93／03／09	一般	1	*	93／06／15	提出調查意見二項	小糾正	
244	苗栗縣政府違法准許一筆土地存有二棟農舍案。	院派	93／03／11	一般	1	*	93／06／16	提出調查意見三項	小糾正	
245	「中國大眾康寧互助會」長期大量掏空會產，內政部涉有包庇等違失案。	自動調查	93／03／26	一般	2	*	93／06／16	提出調查意見四項	調查意見第一項糾正內政部其餘小糾正	
246	第十一任總統、副總統選舉結束後，部分民眾群集總統府前，台北市政府未依法執行公權力案。	院派	93／03／26	重大	3		93／12／08	提出調查意見二項	小糾正	
247	政府影音媒體政策及其執行績效總體檢案。	自動調查	93／03／29	重大	2	*	94／01／13	提出調查意見十六項	調查意見第一至三項糾正行政院其餘小糾正	
248	台電公司核一廠電機運轉員趙○雍連續曠工，該公司及經濟部未能妥處案。	院派	93／04／07	一般	1	*	93／08／04	提出調查意見三項	小糾正	
249	中華郵政公司鳳山鳳松路郵局員工利用職務之便，侵害客戶隱私權案。	院派	93／04／23	一般	1	*	93／06／15	提出調查意見二項	小糾正	
250	澎湖縣政府地政局辦理楊續所有土地之住所變更不當，影響繼承人權利案。	自動調查	93／05／06	一般	2		93／08／18	提出調查意見二項	小糾正	
251	澎湖縣消防局受理逾期瓦斯鋼瓶檢舉情事，未善盡保密責任案。	自動調查	93／05／06	一般	2	*	93／09／08	提出調查意見二項	小糾正	

編號	案由	推派單位	派查日期	案件性質	調查委員人數	主查	審議日期	調查意見	處理辦法	備註
252	國防部辦理「特高頻無線電機及配件」釋商案，涉有貪瀆不法案。	院派	93／05／18	一般	1	*	93／12／23	提出調查意見四項	小糾正	
253	高院審理高○敏請求王○傑返還不當得利事件涉有違失案。	院派	93／06／02	一般	1	*	93／09／15	判決無違失		
254	國軍聯合作戰指揮機構執行績效總體檢案。	自動調查	93／06／10	重大	2	*	93／11／18	提出調查意見十一項	小糾正	請參閱本書國防類
255	台北縣政府辦理浮洲橋改建工程，徵收林○賢所有房屋未依法通知拆除案。	院派	93／06／17	一般	1	*	93／12／22	提出調查意見三項	小糾正	
256	陽明山莊維護情形及未來之營運規劃檢討案。	自動調查	93／06／24	一般	2	*	93／11／11	提出調查意見四項	小糾正	
257	彰化縣鹿港鎮農會非法解聘黃○義總幹事職務案。	自動調查	93／06／24	一般	2	*	93／10／06	陳訴人得循司法訴訟途徑請求發給退休金		
258	苗栗縣「竹南鎮龍鳳溝雨水下水道工程」施工不當，當地居民權益受損案。	院派	93／07／08	一般	1	*	93／12／08	提出調查意見五項	調查意見第一至四項糾正內政部營建署	
259	台南地院等審理林○持被訴偽造文書、詐欺等案件，判決有罪不當案。	院派	93／07／23	重大	1	*	93／11／10	原判決無違失		
260	行政院衛生署未依法審理景元公司所提產品生體相等性試驗之申請案。	自動調查	93／08／06	一般	2	*	93／12／21	提出調查意見三項	糾正行政院衛生署	
261	高雄捷運重大危安事故案。	自動調查	93／08／16	重大	5		94／01／18	提出調查意見二項	調查意見第一項糾正高雄市政府捷運工程局其餘小糾正	

編號	案由	推派單位	派查日期	案件性質	調查委員人數	主查	審議日期	調查意見	處理辦法	備註
262	台北市松山地政事務所辦理民生東路五段兩相鄰地間土地登記不當案。	自動調查	93／08／23	一般	2	*	93／11／17	提出調查意見二項	小糾正	陳訴人權益已獲解決
263	中強電子股份有限公司經營不當，損害股東權益案。	院派	93／09／07	一般	1	*	93／12／21	提出調查意見四項	小糾正	
264	陸軍花蓮防衛司令部步四營兵器連盧○雄失蹤案。	院派	93／09／16	一般	1	*	93／12／23	提出調查意見四項	小糾正	
265	台北縣土城市暫緩發展區自辦市地重劃案。	自動調查	93／09／27	一般	2	*	94／01／05	提出調查意見四項	小糾正	
266	嘉義大林新興段與中興段交接處排水溝工程設計不當案。	院派	93／10／13	一般	1	*	94／01／05	訴訟進行中，暫不予調查		
267	修平技術學院要求教師賠償薪津兩倍始發給離職證書案。	自動調查	93／10／15	一般	2	*	94／01／13	提出調查意見五項	調查意見第一至三項糾正教育部其餘小糾正	
268	交通部高速公路局舉辦國道三號全民命名活動不公案。	自動調查	93／10／20	一般	2	*	93／12／16	提出調查意見二項	小糾正	
269	桃園縣教育局辦理九十三學年度國中教師甄選作業，明顯違反法令案。	自動調查	93／10／26	一般	2	*	93／12／16	提出調查意見三項	小糾正	
270	內政部營建署辦理「台北都會區環河快速道路台北縣側建設計畫」效能過低案。	院派	93／11／10	一般	1	*	94／01／19	提出調查意見三項	小糾正	

編號	案由	推派單位	派查日期	案件性質	調查委員人數	主查	審議日期	調查意見	處理辦法	備註
271	台北縣政府辦理基隆河抽水站工程，違反政府採購法案。	自動調查	93／11／23	一般	2	*	94／01／18	訴訟進行中，暫不予調查		
272	澎湖縣馬公市石泉里違建未依法拆除案。	自動調查	93／11／24	一般	2	*	94／01／05	提出調查意見二項	小糾正	
273	原能會主委歐陽敏盛未落實「非核家園」政策案。	自動調查	93／11／24	一般	2	*	94／01／13	提出調查意見六項	小糾正	

推派單位：區分為院派、委員會推派及自動調查三大類。
派查日期：監察院核發派查函之發文日期。
審議日期：調查報告提出，經相關委員會決議之審議日期。
案件性質：原則上一般案件於三個月內提出調查報告，重大案件於六個月內提出調查報告，特殊重大案件於一年內提出調查報告。
主查：負起調查案件主要責任之委員。
調查意見：詳細內容請參閱監察院編印之各年度調查報告彙編。
處理辦法：案件經調查後之處理方式，對人得提出彈劾或糾舉、對機關得提出糾正或小糾正。

國家圖書館出版品預行編目資料

腳步：黃煌雄監委工作紀實1999～2005／黃茗芬，廖茂發，莊智雅編. -- 初版. -- 台北市：遠流, 2005 [民94]

面；　　公分. --（本土與世界；65）

ISBN 957-32-5660-6（平裝）

1.監察

573.8　　　　94018224